价值创造与内生力

Value Creation and Endogeneity

——中国石油工程建设有限公司提质增效案例探析（2021—2022 年）

中国石油工程建设有限公司　编

石油工业出版社

内容提要

本书汇编了中国石油工程建设有限公司2021—2022年60个具有代表性的提质增效案例，这些案例通过优化资源配置、提高生产效率和降低成本等手段，实现了效益最大化，彰显了新时代央企经营体制改革的重要成果。每一个案例都提炼了实践中的宝贵经验，提出了可行的创新策略，验证了措施的实际成效，蕴含着深刻的启示，对企业深化改革具有一定的借鉴和指导作用。

本书可供从事油气工程领域的企业管理人员、工程技术人员、财务管理人员和项目管理人员参考。

图书在版编目（CIP）数据

价值创造与内生力：中国石油工程建设有限公司提质增效案例探析：2021—2022年 / 中国石油工程建设有限公司编. -- 北京：石油工业出版社，2024. 10. -- ISBN 978-7-5183-7064-1

Ⅰ. F426.22

中国国家版本馆CIP数据核字第2024001CT8号

出版发行：石油工业出版社

（北京安定门外安华里2区1号楼　100011）

网　址：www.petropub.com

编辑部：（010）64523829　　图书营销中心：（010）64523633

经　　销：全国新华书店

印　　刷：北京中石油彩色印刷有限责任公司

2024年10月第1版　2024年10月第1次印刷

710毫米×1000毫米　开本：1/16　印张：14.25

字数：220千字

定价：80.00元

（如出现印装质量问题，我社图书营销中心负责调换）

《价值创造与内生力》

编　委　会

中国石油工程建设有限公司（CPECC，以下简称公司）是一家以油气田地面工程、天然气液化工程和海上油气平台工程为主，以油气储运工程和炼油化工工程为辅，承揽海外炼油化工 EPC 项目，积极发展非常规油气、伴生矿产、新能源、新材料、高端装备制造、绿色环保、数智产业等新兴产业技术和工程能力，拥有为全球客户提供工程设计咨询、EPC/EPCM、施工安装、运营维护、检维修、投融资等定制化“一揽子解决方案”能力的能源工程公司。公司从 2020 年开始狠抓价值创造能力建设，在提质增效上下苦功、出真招、见实绩，提升核心竞争力，提升管理和运营能力，促进企业经营状况稳步向好。

近年来，公司坚持以习近平新时代中国特色社会主义思想为指导，落实“强化以财务管理为中心的企业管理”“强化以价值创造为核心的财务管理”工作要求，筑牢高质量发展基础，价值创造能力持续提升。为促进各位读者在提质增效工作中广泛涉猎、博采众长，继 2021 年出版《顶层设计与执行力》对公司 2020 年提质增效成果进行回顾总结后，2024 年，公司对 2021—2022 年提质增效案例进行汇编，形成《价值创造与内生力》。本书通过案例权利人的视角，对提质增效工作中的具体做法进行了系统的梳理和深入的论证分析，旨在总结提炼形成成熟的工作经验，使之成为公司提质增效的知识宝库，对今后逐渐升级提质增效起到借鉴作用。

续写提质增效案例探析的目的，一是大力营造提质增效行动浓厚氛围，进一步深挖提质增效典型经验和务实举措，促进提质增效工作取得更多成效。二是鼓励围绕“四精”管理要求，从提升质量效益、优化营运水平、提供优质服务、加快成果转化、夯实价值底座、攻坚亏损治理等方面精准发力，协同推进对标世界一流价值创造。三是树牢“一切成本皆可控”“无预算不支出”的理念，坚定“过紧日子”的思想并形成习惯。四是坚持低成本发展原则，坚持分类施策、精准管控、提升价值，持续推进公司提质增效行动，并致力于讲述好公司在提质增效过程中的生动故事。

本书共汇编60个案例，分为六大篇章。第一篇章主题是坚持精打细算，提升质量效益，增强经济价值。12个案例突出人工成本投入产出、资产创效能力、资金使用效率、“三金”压降、降本降费等，提升经济增加值和净资产收益率。第二篇章主题是坚持精耕细作，做到供给高效，增强产业价值。15个案例突出项目预算、“六化”建设、转型升级、优化配置和优化运营等，反映全产业链、供应链价值提升和高质量发展跃升。第三篇章主题是坚持精雕细刻，优化运营水平，增强管理价值。9个案例突出合同风险管控与合规管理、市场信息管理、工程结算、项目精益管理模式、开源与节流等，以管理的最大确定性，有效应对环境变化的高度不确定性，护航价值提升。第四篇章主题是坚持精益求精，加快成果转化，增强创新价值。14个案例突出工程技术攻关、科技成果推广、探索管理新模式、数智转型、优化设计、布局新兴产业和未来产业，加快形成新质生产力，实现高水平科技自立自强。第五篇章主题是坚持精进至善，夯实价值底座，增强长期价值。6 个案例突出现代企业治理能力，夯实信用基础、机构改革、队伍建设、优化考核机制和人才强企等，实现企业长期价值增长和可持续发展能力进一步提升，体系建设进一步完善。第六篇章主题是坚持精准发力，攻坚亏损治理，做好价值保护。4 个案例突出践行理论是行动的先导，思想是前进的旗帜，审慎对待审计问题，掌握并严格执行合同条款等，推动宣传思想文化工作，突出分类施策，强化过程管控，夯实盈利基础，实现从“生产型”向“经营型”“效益型”转变。

博观而约取，厚积而薄发。书中的每个案例都经过精心甄选、反复斟酌，供读者感悟与品鉴。愿各位读者从中汲取智慧、学以致用，在未来的岗位工作中取得更大的成绩。

中国石油工程建设有限公司

执行董事、党委书记

2024 年 10 月于北京

目录

第一篇　坚持精打细算　提升质量效益　增强经济价值

第二篇　坚持精耕细作　做到供给高效　增强产业价值

CHAPTER 1

第一篇

坚持精打细算　提升质量效益　增强经济价值

细化人工成本预算　全周期高质量管控

中国石油工程建设有限公司（CPECC，以下简称公司）提出“建设基业长青的世界一流国际能源工程公司”的发展愿景，对标世界一流油气工程公司后发现，公司劳动生产率处于较低水平，人工成本总量较大与投入产出率较低的矛盾比较突出。在奋进高质量发展、加快建设世界一流企业的道路上，加强人工成本管理，提升人工成本投入产出效率具有重要意义。公司人力资源部以提质增效为契机，大力加强人工成本管控工作，在 2021 年和 2022 年分别开展组织机构优化，严控用工总量，建立人工成本预算管理机制，开展人工成本全周期管控，细化海外人工成本管理等工作。2020—2022 年，公司全员劳动生产率提升 27.24%，人事费用率下降 16.84%，形成了人工成本高质量管控的新局面。

一、深化总部机关改革，持续精简二级单位组织机构

按照优化协同高效和职能综合化的“大部制”方向，公司对机关机构进行了优化改革，开展“五定”工作，实施“两办合一”，撤销直属机构设计管理部；整合同质同类业务机构，将海洋工程技术研发等 3 个中心合并组建为工程技术研发中心，统一负责开拓发展公司新业务；撤销投产运维管理部和海外地面工程技术中心，稳步推进二级机构压减工作。

持续开展二级单位机构、机关定员和职数压减优化工作。国内单位机关部门定员标准压缩 10%，海外单位机关部门设置数减少 2 个、总定员标准平均压缩 30%；将海外项目部的机构及定员模式与项目合同额挂钩，设置 5 个模式，各模式总定员平均压缩 22%，从源头上控制用工总量。重点推进四川油建公司机构和职数压减工作，优化后该单位三级机构减少 7 个，基层领导人员职数减少 30 个。

二、严控用工总量，不断提高属地化用工比例

严把中方员工入口关，提高国际化用工与属地化用工比例。按照精简高效的原则，根据分公司和在建项目规模与进度配置中方员工，持续加大海外中方定员压减，提高国际化员工与属地化员工比例，其中，海外单位（项目部）国际化员工与属地化员工的比例达到50%。对于机关部门人员，多出少进、先出后进，确保员工数量只减不增；对于缺员的部门，优先从公司现有富余人员中按照“先机关、再海外”的原则进行调剂。

修订《总部人才储备中心管理程序》，充分发挥“人才池”的中转作用，根据项目进度对人员退场计划实施情况进行动态监控，强化统一储备管理调控，实现各项目之间人员需求和供给的精准衔接。目前，累计进入“人才池”共277人，已有113人完成转岗。确立五大后移原则，结合实际业务需求，下达海外单位机关人员后移目标并实施动态监管，2022年实现岗位及人员后移，占海外机关中方人员的43.41%。2022年公司平均从业人数比2020年下降15.84%，员工总量得到有效控制，队伍结构性矛盾有所缓解，队伍活力切实增强。

三、建立人工成本预算管理机制，严格执行预控制计划

根据经济效益和劳动生产率情况，每年年初按照“两低于”原则，核定下达各单位人工成本、工资总额和劳务费预控制计划。年底，视公司批复的人工成本和工资总额情况，结合各单位经济效益预算指标完成情况，适当调整控制计划，合理调控各单位工资水平。要求各单位严格执行公司核定下达的人工成本预控制计划，在计划限额以内提取和使用各项费用。对于超出季度预控制计划5%以内，单位主要领导下个季度每月将扣减10%的预发效益年薪；超出5%以上，则扣减20%。对于采取有效措施，在年底将人工成本和工资总额等控制在公司下达额度内的，补发预扣的效益年薪。

四、深化预算管理监督机制，提升人工成本管控效能

建立人工成本、工资总额预算执行情况的定期分析监督机制，按照“月跟踪、季分析、年评价”的工作方式，每月开展人工成本监测，对同比增长10%

或增量超过 ** 万元的项目，进行详细原因剖析，并及时采取纠偏措施。每季度召开人工成本分析例会，撰写季度人工成本分析报告，开展人工成本投入产出效率的横向和纵向对标，分析存在的问题，总结并分享各单位优秀人工成本管理经验，布置下一阶段人工成本和工资分配的重点工作。每年年末开展人工成本评价，以不断提高人工成本投入产出效率为目标，分析人工成本管控得失，并提出下一步改进方向。

五、实施成本管控措施，加强海外人工成本精细化管理

2021 年，公司严格督促执行《提质增效专项行动人工成本管控二十四条措施》，涵盖了严控加班加点费用、规范“易岗易薪”管理、调整海外特殊贡献奖政策和相应的休假政策、压缩用工规模、业务职能和人员后移等多项措施。面对全球疫情的严峻挑战，以及大量员工滞留海外的复杂情况，公司成功实现了 2021 年海外单位人工成本同比 2020 年下降 ** 万元的重要成果。

进入 2022 年 5 月，公司进一步下发《2022 年提质增效价值创造行动国外单位人工成本管控措施》，其中包括调整延期休假疫情补贴政策、规范回国隔离期间工资发放标准、规范休假及出勤管理、统一国内居家办公薪酬标准，进一步严控加班加点费用的控制、明确携带配偶员工的休假规定、压缩退岗领导在境外工作时长，以及全面加强海外人工成本的精细化管理程度。这些措施的实施效果显著，2022 年海外单位人事费用率同比下降 1.6%，人工成本利润率同比增长 36.8%，显著增强了公司的财务稳健性和业务运作效能。

案例启示

“熵减是痛苦的，前途是光明的。”熵是指无序混乱程度，熵增是世界上一切事物发展的普遍趋势。人工成本管控只有进行时，没有完成时。随着提质增效活动的深入进行，人工成本管控将进入攻坚期和深水区，还有很多工作要推进、很多困难要克服。前行的道路愈发艰难，只有咬定青山不放松，按照既定目标，以务实作风、踏实态度持之以恒往前推进，直面那些“躲不开、绕不过、拖不得”的硬骨头，才能大步前行。持续不懈做好人工成本管控工作，要标本兼顾，既要

增效，更要提质。

在走向基业长青的世界一流国际能源工程公司的道路上，怎么把公司的“历史问题”和“既得利益”转换为“以奋斗者为本”，需要通过熵减打破系统的舒适平衡，将物质财富转化为推动公司发展的动力。尽管这个过程伴随着动荡和痛苦，但是只有这样才能克服“大企业病”，激发活力，并铸就基业长青。

（案例权利人：张新伟　许兰花　王梦　毛闻之）

开展资产分类评价 提升资产创效能力

资产管理是企业价值管理的重要环节。建筑施工企业的资产分类较为复杂，具有项目差异大、影响因素多、工程技术性强且账面价值高等特点。应收账款、合同资产和存货等“三金”占总资产比重较高，对流动资金的利用效率提升造成了不良的影响。在当今激烈的市场竞争环境下，依据资产创效能力对资产进行分类精细化管理，企业才能持续、健康发展。

2021—2022 年，根据上级单位要求，公司财务部牵头组织开展了资产分类评价工作。该项工作通过对高效、常效、低效和负效资产的精准分析、识别，全面准确反映了各项资产质量，揭示了资产价值。此外，依据资产分类评价结果，加强资产日常管理，对各类资产精准分析施策，推进实施差异化资产运营管控策略——优化存量资产、盘活低效资产、处置负效资产，从而助推企业挖掘资产创效潜能，提升竞争力。

2019—2022 年，公司资产质量显著提高，总资产周转率（次）、流动资产周转率（次）、存货周转率（次）和应收账款周转率（次）等资产质量指标持续好转。

一、开展资产分类评价工作，下发通知和编制评价标准

（1）加强组织，厘清分工。为了开展好资产分类评价工作，公司财务部下发了《关于开展资产分类评价工作的通知》：结合 2020 年和 2021 年 12 月 31 日资产分类构成情况，明确了资产分类评价范围；按照中国石油天然气集团有限公司（以下简称集团公司）统一部署及要求，制定了资产分类评价工作目标、工作原则；结合公司资产管理实际情况，细化财务资产、经营、行政、项目管理和采购

等专业管理部门职责分工，强化督导，进一步靠实责任、厘清任务、落实责任、共同推进，组织开展公司资产分类评价工作。

（2）编制方案，严格标准。在本次资产分类评价过程中，财务部门牵头结合公司业务特点和资产构成，对照集团公司资产分类评价标准进行了认真分析。经过多部门联合讨论，编制了《中国石油工程建设有限公司资产分类评价标准》。该标准以集团公司《资产分类评价标准》为基础，根据公司实际情况进行细化。其中公司针对《资产分类评价标准》合同资产部分提出的意见，被集团公司采纳——将工程建设企业工程合同资产分类评价标准，由简单按挂账年限分类评价，细化为按照项目是否已完工、项目是否亏损、完工年限和是否计提减值等多维标准评价，使合同资产的分类更科学、更具有操作性。

（3）科学盘点，客观评价。公司以“管理责任清、账面价值清、实物资产清、使用状态清”为目标，做好资产盘点清查。坚持以价值管理为核心，对资产质量开展科学分析，力求准确识别高效、常效、低效和负效资产，确保资产分类评价范围完整，结果真实准确。以2020年和2021年12月31日数据为基准，组织各单位完成资产分类评价工作，填报《资产分类评价附表》及《资产分类评价报告》，上报集团公司。资产分类评价范围包括应收款项、存货分类、合同资产和固定资产等。

二、运用资产分类评价结果，落实落细资产创效行动

公司资产结构健康，创效能力有待提升。参与分类评价的资产中，2021年高效资产占比74.92%、常效资产占比12.14%、低效资产占比7.56%、负效资产占比5.38%。2020年高效资产占比78.35%、常效资产占比15.13%、低效资产占比4.74%、负效资产占比1.78%。

根据资产清查结果和现状评价结果，公司制定了“优化存量资产、盘活低效资产、处置无效资产”的三步走战略，分级分类明确资产盘活目标，确定盘活措施。把资产分类评价与提质增效专项行动、“三金”压控方案落实等公司重点工作任务相结合，强化协同管理。通过各责任部门深入分析低负效资产形成原因，督促制订针对性措施，分类施策，明确盘活清理目标、要求，纳入公司提质增效

目标任务考核督办，严考核、硬兑现。确保工作落地见效，不断健全低效负效资产盘活的长效机制，主要具体措施包括以下四个方面。

（1）对企业的资产质量进行有效评估，客观进行资产风险分析和管理，保证企业稳健发展。在此基础上，进一步加强客户信用评价管理，加大应收款项清欠力度。2020 年回收陈欠款 ** 万元，2021 年回收陈欠款 ** 万元。

（2）加强资产盘点清理，及时对固定资产、存货等进行报废报损处置。2020—2021 年，公司处置报废固定资产 487 项，原值 ** 万元，账面净值 ** 万元，总评估价值 ** 万元，处置收入 ** 万元。2020—2021 年，公司处置存货 194 项，斯派克商务服务有限公司处置工业用地 2 项。在合同管理方面，规范执行建造合同，依据施工进度，加强合同资产结转。2021 年，公司合同资产存量压降 ** 万元；2022 年，合同资产存量压降 ** 万元。

（3）通过内部调剂、对外转让和对外租赁等形式，盘活闲置资产。2021—2022 年，公司组织多次闲置施工机械设备内部调拨，涉及固定资产原值 ** 万元，提高了闲置施工机械利用率，大幅度减少了投资支出。

（4）增强公司进一步加强资产管理的紧迫感，对分类评价过程中发现的问题，提出解决措施。

案例启示

“施而不奢，俭而不吝。”“俭”是控制预算，不虚荣铺张、不超前消费，更不能浪费无度、把钱花在无用的地方。提高资产使用效率和效益，以价值创造为核心，是资产管理不变的原则。用发展的眼光看待资产创效能力的变化，进行资产全生命周期管理，这是资产分类评价，资产提质增效的启示。对于财务人员来说，资产不再是“趴”在账上的数字，也不只是每月提折旧摊销的对象，它们是能为企业创造价值的生命。构建效益型资产经营模式，依据资产生命周期科学管理，才能全面提升资产运营质量，助推企业竞争力的提升。

（案例权利人：王峰　史颖馨　张伟　张泽亮　曲俊丽　王海朋　张穗穗）

瞄准减税降费政策　助力提质增效行动

公司财务部始终保持公司纳税信用等级 A 级，并持续取得出口退税一类企业资格，为公司享受各项激励政策打好基础，维护公司优良形象，增强公司竞争力，并且加快公司资金回流，节约公司资金成本，增加公司自由现金流。

随着我国陆续出台的各项减税降费政策，对很多企业犹如雪中送炭，帮助他们应对挑战、渡过难关。借此“春风”，公司财务部积极跟进国家税务总局政策，截至 2022 年 1 月，公司增值税留抵税额 ** 万元，经与税务机关有效协调，实现增值税增量留抵退税 ** 万元，激活公司低效资产。

一、保持纳税信用等级 A 级，取得市场先手“通行证”

纳税信用级别是指税务机关根据纳税人履行纳税义务情况，就纳税人在一定周期内的纳税信用所评定的级别。纳税信用分为 5 个等级，纳税信用级别一个纳税年度评价一次，主要从纳税申报、税款缴纳、账簿凭证管理及税收法律遵循度、行政法规行为处理情况等方面来进行综合评价，采取扣分制，得分 90 分以上为 A 级。

公司财务部严格按照税务机关要求开展工作，依法如实纳税申报、及时缴纳税款、保证账簿凭证管理清晰、不碰触税收法律规定的违反事项。公司连续八年在税收信用等级评定中保持满分，取得 A 级证书，持续享有《关于对纳税信用 A 级纳税人实施联合激励措施的合作备忘录》规定中的各项激励政策，为公司开展各项业务做好资质保障。从税务角度维护并提高公司的良好形象和信誉，增强了公司的市场竞争力。

二、维护出口退税一类企业，加速退税资金回流

2016年起，税务机关对出口退税企业实施分类管理政策，由企业自愿申请，公司财务部每年积极响应申请一类企业评级，确保公司持续被北京市税务局评定为一类出口退税企业，享受办税绿色通道。取得出口退税款由20个工作日降低为5个工作日，进而优化为3个工作日。出口退税一类企业资格的取得加快了公司的资金回流，节约了资金成本，增加了公司自由现金流。

出口退税一类企业的优惠服务是税务机关基于对一类企业的高度信任，把退税资料合法合规性的审核交给企业，先退后核查。为了维护好该资格的优惠服务，财务部在日常工作中严格落实税务局要求，确保向税务机关报备基础信息准确；出口业务真实、操作合规；出口业务适用税收政策无误；出口退税资料齐全、规范；出口退税申报及时、准确；出口退税相关财务核算正确；应对出口退税核查得当。

出口退税一类企业评定时要求企业必须具备完善的、经税务认可的出口退税风险内控体系。财务部积极调研、聘请从事出口退税风险管控系统开发的专业公司，研发适合公司出口退（免）税风险管理申报系统。财务部为了避免相关部门重复相关业务工作，设置了出口退（免）税风险管理申报系统与公司EMP2.0系统通过数据接口传输数据，实现业务部门系统与财务部门退税系统对接，达到了控制风险和资源共享的工作目标，提高了管理水平。相关资料必须符合退税机关要求，并能有效应对税务机关检（稽）查。

三、落实减税降费政策红利，实现增值税留抵退税

财政部、税务总局、海关总署联合发布的《关于深化增值税改革有关政策的公告》第八条为“自2019年4月1日起，试行增值税期末留抵税额退税制度。”公告实施以来，开始在全行业实行增量留抵退税制度，规定了纳税人申报退税需同时满足5大条件，退税对象为增量留抵税额和退税比例为60%。

公司财务部认真学习相关政策，积极与税务机关对接，梳理2019年4月至2022年1月期间，公司收取的19430张增值税专用发票，经按所属期、分税率、分品目对增值税专用发票逐一核对整理归类、分析统计、填制报表、撰写报告，

对增值税相关账务处理进行自查，并对特殊事项编制说明，与税务机关有效协调，最终实现办理增值税留抵退税 ** 万元。

案例启示

“新故相推舒画卷，丹青妙手向翠峰。”每年国家税务总局都陆续出台众多税务政策，工作之余要学懂弄通业务相关政策，认真思考钻研，结合实际工作，积极跟进落实。如果墨守成规，安于现状，就只能停留在现有的状况，永远不会有进步，甚至因为无知给公司带来风险。只有勤思善想，精益求精，主动迎接挑战，抓住难得的机会，推动公司税务管理工作的创新发展，方能为公司高质量发展注入活力。

（案例权利人：王峰　方正道　张穗穗　王雪娇　梁雪竹　刘颖超　史颖馨　杨诗琦）

构建预算管理平台 提升企业运营效率

北京分公司（以下简称分公司）实施“一专多元”战略以来，海外业务持续巩固，高端市场取得实质性进展；新能源业务不断壮大，市场份额持续上升；天然气、数字化、设备租赁、勘察测量等多元业务迅速发展，新市场新领域不断突破。但是，伴随着项目数量急剧增多，分公司整体预算管理水平及效率并不理想。面对预算汇总难、查询难、变更难、对比难、存档难等问题，分公司运用网络技术、数字处理技术等现代化方式，建立企业集成预算管理平台的想法应运而生。

一、面对预算管理平台建立需求，预算管理效率亟待提升

（一）预算汇总难

通知上报预算后，分公司面临部门预算、专项预算、项目预算等多口径预算需要汇总，经常会出现不同版本替换的情况，而且数据中交叉项多，极容易混乱，错项、漏项、重复项都可能会出现；数据量大，手工计算容易出错，最终导致预算汇总不准确。

（二）预算查询难

由于各部门上报后保存版本较多，查找当年某项预算出错的可能性大，且本年查找之前年度的终板审批预算困难。若部门、项目等出现填报预算人员变更，也会出现查找终板审批预算困难的情况。

（三）预算变更难

每年涉及整体预算半年度及年度调整或项目预算变更时，由于对接口径较

多，填报、审批、汇总整体流程时间较长，导致数据时效性滞后。

（四）预算对比难

由于分公司整体项目较多，考核指标复杂，项目预算数据量大，手工表单进行财务实际入账数据与预算数据对比困难；项目经理对本项目各项支出也无法做到及时掌握，直接导致对项目整体的各项成本把控不足；后期对单个项目运营与分公司整体的经营分析，都会出现偏差。

（五）预算存档难

项目预算线下审批流程复杂不便，尤其是有些项目工期较长，可能会出现预算终版（签字版）丢失的情况。

二、分阶段攻克预算管理平台建设难题，精细化运营管理取得成效

在开发预算管理平台的过程中，分公司遇到了诸多难题。例如，如何确定工时标准？如何确定会计科目与预算字典的对应关系？如何建立项目预算标准模板？如何实现财务系统数据与预算平台数据的对接？如何实现分公司之间的项目收入成本的内部抵销？如何完成项目资源结转表内抓取项目数据等，这些问题的处理方式都没有前车之鉴。为了攻克一个个难题，整个开发团队将目标分解到月，从月分解至周，从周分解到天，逐步推进。相关人员每周都开会进行头脑风暴，讨论进程，解决困难，并安排下一周工作。

例如，对于如何确定设计项目人工时单价标准这个难题，相关人员通过线上线下不同方式进行了两个多月的讨论，再尝试操作，最终确定分专业、岗级、工作地点等多维度，导入共计 416 条不同的设计项目人工时单价，为之后进行项目人工时的核算及分摊奠定了基础。对于项目预算的标准模板，由于设计、采购、施工（EPC）总承包项目与其他项目财务核算时入账的财务科目不同，为了后期可以实现与财务数据的匹配和对比功能，相关模板全部做成 EPC 项目预算模板及非 EPC 项目预算模板，并根据项目的不同进程划分为在建项目预算模块与潜在项目预算模块。为了解决会计科目与预算字典的对应关系这个难题，尝试通过关键字或词组抓取数据，同时，为解决错字、多字的问题导致系统无法抓取数

据，最终设定以财务系统科目编码为基础进行抓取数据，预先固定科目编码及科目名称，最终汇总以科目编码为唯一识别码。

在预算管理平台开发团队的不懈努力下，预算管理平台已达到基础功能的上线，从编制及查询口径来看，实现了包括部门预算、专项预算、项目预算的线上填报、审批、上会修改、核准、变更、查询等功能；从汇总口径来看，实现了项目预算科目汇总、项目资源结转表的汇总查询功能；从对比口径来看，可以按月对接财务 FMIS 系统数据的导入，实现了各项目成本、收入、现金流的财务实际数据与预算数据的对比功能。

预算管理平台上线后，不再需要人工编制电子表格与项目上核对各项目收入与现金流入数据。会计只需按照财务系统中不同项目的核算口径，批量导出当月发生成本、收入及现金流情况，上传至预算管理平台，即可实现账面数据与预算数据的一键对比，项目相关人员可以通过此模块及时掌握各个项目的成本投入进度、结算进度及回款进度。同时，“清欠”任务的相关负责人也可以通过预算管理平台，每月核对指标是否完成，不再需要每月与会计反复核对收款情况。另外，其他数据需求部门，也可以较为及时地获取数据，避免了重复性工作。通过对比模块，不仅能够及时发现分公司经营运行中存在的问题并进行纠偏，实现全成本控制，为完成经营指标做出数据支撑，实现真正的精细化管理；同时也能使财务管理与项目管理更紧密融合，由原来项目年度预算精细化至月度预算，有利于对项目全生命周期的整体效益监督与管控，极大提升了项目运营管理能力。

随着项目运行，如果发生预算需要变更的情况，可以在平台上提交项目预算变更申请，通过预算管理委员会的审核后，即可汇总生成分公司整体最新经营情况汇总表。全部审批流，包括会议纪要都通过线上的方式进行，利于存档。解决了一直困扰着分公司预算管理面临的“五大难”问题。

分公司预算管理平台运用先进的管理理念填补了项目预算的短板，极大提高了工作效率及准确性。例如，半年度预算调整从原来需要将近 1 个月的时间压缩到 2 天就可以完成，同时还能规划、控制、引导分公司经济活动有序进行，以最经济有效的方式实现预定目标，实现企业内部业务之间的协调，提升管理效率。

案例启示

“致知在格物，善用可成器。”分公司运用互联网与大量的数字信息建立了企业集成预算管理系统，利用网络技术，实现管理技术现代化，真正有助于财务人员由传统会计向管理会计转变。平台全面上线后会进行不断优化，完善创新成果转化，打造可复制、可推广、“含金量”高的管理现代化创新成果、经验与典型案例，进一步加大与各兄弟公司的经验交流力度，促进成果转化和资源有效共享，提升管理水平，以管理创新赋能促进分公司的高质量发展。

（案例权利人：程天林　周森　张秋捷　马一鸣　闫秀琴　盛冀源
于振涛　牛红梅　庞萌）

盘活自有施工装备 提高装备利用效率

第一建设公司（以下简称一建公司）严格落实施工装备管理的各项规定，充分利用自有装备，盘活闲置资产，提高装备利用效率，压减非安装设备投资规模，压降外租费用。2022 年，固定资产总投资额控制在总体目标及外租费用比上一年度压降 10% 的目标。

一、自有施工装备盘活之因

（一）装备概况

自有施工装备数量多类全，价值高昂。自有施工装备 ** 台，原值 ** 万元，包含起重搬运设备、焊接切割设备、金属切削机床、管道专用设备等，数量多、种类全。原值大、关键程度高的重要及主要施工装备在一建公司装备中数量占比小、原值占比大。重要装备 ** 台，原值 ** 万元；主要装备 ** 台，原值 ** 万元。装备数量多、种类全，但未能充分利用。加强盘活是充分利用好公司的重要及主要装备，使公司自有施工装备发挥最大价值的关键。

（二）使用现状

使用单位之间信息不畅通，闲置与需求之间不能及时沟通，造成装备闲置占用成本及外租设备花费成本的双重浪费，盘活自有施工装备是降低设备使用成本的有效举措。

（三）盘活作用

盘活闲置资产，提高重要及主要装备利用效率，能够优化资源配置，压减非安装设备的投资规模，减少自有非安装设备总量，降低管理成本。充分利用自有施工装备，减少施工装备外租业务，压降外租费用。

二、自有施工装备盘活之策

（一）畅通沟通，加强协调

设置调拨管理岗，负责收集各单位的闲置信息和需求信息，及时了解装备闲置情况与需求情况，建立畅通的渠道。

2022 年 6—12 月，开展重要及主要装备清查盘点工作，通过清查盘点，了解各单位装备实际情况，加强重要及主要装备的协调调配工作，建立健全主要施工装备调配台账，编制《第一建设公司重要及主要装备信息月报》，充分掌握自有施工装备的新增及调配状况。

建立管道自动焊机、扭矩扳手、阀门测试机、管束抽装机等常用施工装备调配台账，结合各单位的需求情况及装备分布情况，认真做好各单位间的沟通协调工作；建立闲置施工装备信息共享机制，定期在信息共享平台发布“第一建设公司闲置装备调剂公告”，进一步促进装备的平衡与调配工作。

（二）分级管理，突出重点

鉴于装备管理人员少、专业性不强，以及自有施工生产装备具有数量庞大，品种多样、应用复杂等特点，为改变当前施工装备管理中“眉毛胡子一把抓”的现象，按照事物之间“关键的少数和次要的多数”的关系，综合施工装备原值大小、管理重点、在工程施工中的关键程度等情况，对施工装备进行重要、主要、一般分级。

按装备的分级采用差异化管理，把装备管理的主要精力集中于“关键的少数”，把管理重心向重要和主要施工装备上倾斜。把少数的关键设备集中在大型设备吊装运输分公司，并设立专职装备管理人员，进行重点化、精细化管理。各使用单位设立专职加兼职装备管理人员，对金额较高、使用频繁、在施工建设中起重要作用的主要装备进行管理。对数量多、金额小的一般装备，则不再花费大量的人力物力。

三、自有施工装备盘活之效

（一）装备利用率显著提升

一建公司全年协调调拨各类施工装备 ** 台（套），2022 年主要生产设备现场利用率超指标完成，达到 **%，与 2021 年的 **% 相比，自有装备的利用率稳中有升。

（二）经济效益显著，外租费用降低

通过发布闲置装备公告制度，加强装备的协调调拨，2022 年一建公司物资装备部协调调拨装备 ** 台（套）。其中从 2022 年 7—10 月，四个月时间内完成某炼化项目 ** 台（套）施工装备的调剂与调拨，涉及管道自动焊机、高空作业平台、门式起重机、管道数控端面坡口机等多个类别，减少了该炼化项目闲置设备的管理费用、每月计提折旧费用等，降低了项目费用支出。项目闲置设备分别协调到以下项目：大榭项目调入 1 台逆变焊机；某石化公司分五个批次共调入 ** 台（套）设备，原值约 ** 万元，大幅度减少了某石化公司项目固定资产投资购置支出与外租费用支出；盛虹炼化储运项目调入 3 台曲臂式高空作业平台，原值约 ** 万元，提高了管廊铺设效率的同时减少了脚手架的购置与租赁费用；川渝项目调入 1 台管道数控端面坡口机，原值约 ** 万元，提高了项目预制厂的工作效能。

通过盘活自有施工装备，既降低了装备调出单位管理费用及计提折旧的费用支付，又降低了装备调入单位装备购置及装备租赁的费用支出，起到了一举两得的效果，实现了 2022 年固定资产总投资额控制和外租费用压降目标。一建公司 2022 年非安装设备投资合计 ** 万元，完成“2022 年公司固定资产总投资额控制在 ** 万元以内”的总体目标。2021 年一建公司收入 ** 万元，车辆及施工机械租赁费为 ** 万元，占总收入的 **。2022 年一建公司年收入 ** 万元，车辆及施工机械租赁费为 ** 万元。因广东石化项目、盛虹项目等单位的租赁合同多为季度结算，因此 2022 年度发生的租赁费中有 ** 万元为 2021 年第四季度租赁费，故 2022 年实际车辆及工程机械租赁费为 ** 万元，占总收入的 **%。按照 2021 年度车辆及施工机械租赁费与总收入的比例，计算得出 2022 年度车辆及施

工机械租赁费为 ** 万元，实际发生费用与其相比降低约 **%，完成外租费用压降 10% 的目标。

案例启示

“好钢要用在刀刃上。”自有施工装备就要为公司施工生产建设服务，关键设备和重要、主要施工装备绝不能“闲着”，要使其动起来、活起来。一建公司通过加大闲置施工装备的盘活调剂力度，提高自有施工装备的利用率，使其发挥最大的经济效益，不仅有效压减非安装设备投资规模，还压降了施工装备租赁费用。使自有装备“活”起来，是“捂好公司钱袋子”的有力举措。

（案例权利人：王建民　庄昕　邢宪礼　祝爱芹　周娇娇）

合理利用施工废料 有效降低购置成本

第七建设公司东营项目部（以下简称项目部）利用废旧材料制作各类展板、警示牌、工装、防护栏、防护棚和支架；利用储罐壁板防腐残留的油漆进行表面涂漆美化，将储罐预制施工现场产生的边角余料废旧木材和残留防腐油漆为我所用。与此同时，自主设计漏字模板喷字和手工画字制作 QHSE 宣传展板，开展 QHSE 宣贯活动。自 2021 年某储罐项目开工以来，完成多个施工区域点位的标牌、展板和挂壁小车，以及各种防护棚、防护栏杆及支架的制作任务，合计制作了各类 QHSE 标志和展板 24 个，防护栏和防风雨棚、储罐登高作业挂壁小车等工装设施 20 余个，总计节约成本约 ** 万元。

一、群策群力，集思广益

项目部施工队安排人员利用业余时间，使用边角余料，加工制作所需要的物件，既节约了外出购买订制各类工程物资材料的费用，降低了运输成本，又丰富了员工日常工作的情趣，锻炼了动手能力。

以往，在其他工程项目施工中，项目部购买成品或半成品的物件，使用中发现其强度和刚度不足，使用寿命短，维修维护性价比低，导致在工程施工未结束时就不能继续使用而被迫放弃。项目部员工开动脑筋想办法，群策群力征求合理化建议。认为原油储罐现场安装施工过程中大量的罐壁板下料切割预制时，产生大量的边角废料；土建基础施工使用木模板，产生的木质废料等均可以用来制作施工所需的物件和工装设施，把废料变为宝物，成为工程施工的利器。他们自己动手，合理利用废旧物料，制作 QHSE 宣贯所需标牌、展板、挂壁小车、防护棚、支架等，自己制作的物件和工装设施使用起来称心如意且安全经济实用。

二、创意变废为宝，自制 QHSE 设施

施工现场的 QHSE 标牌和展板主要是由储罐土建基础施工的木模板边角料裁剪加工而成，尺寸包括多个系列，粘贴上不干胶贴面标识标记，悬挂于现场的关键部位、警示区域及设备设施上。例如，在一级配电箱、二级配电箱防护棚上悬挂临时用电安全操作规程展示牌，基坑临边防护栏上悬挂禁止跨越、当心坠落、当心坍塌等各类警示标识。在现场临时办公室区域摆放 QHSE 宣传展板，粘贴质量、安全、进度方面的施工信息，展示各类亮点经验做法，通报各类安全违章和隐患问题及施工质量问题。

施工现场制作各类防护栏和防护棚及支架，利用储罐壁板下料切割产生的钢板条废料进行气割修磨后获得扁钢条材料，制作电焊机的防护棚、三级配电箱的防雨棚、吊装警示牌支架、气瓶防倾倒支架等，表面刷防锈漆进行美化，经济实用。

储罐的主体壁板安装和焊接需要登高作业，同样利用了大量的储罐壁板的边角余料来加工焊接挂壁小车。主要利用储罐第一圈壁板较厚的钢板废料条子，制作了各种不同长度的储罐挂壁小车结构，在储罐安装施工过程中得到了广泛应用，节省了购置成品扁铁、角钢、方钢等材料制造挂壁小车的费用。

案例启示

“自力更生，艰苦奋斗，丰衣足食。”项目部通过因地制宜，就地取材，设计制作各类标志、标牌、展板和设施，不仅满足了生产的需要，而且节约了成本，创造了效益。近年来，市场竞争愈加激烈，迫切需要通过挖掘潜力来降低采购成本，从而提高效益，增强企业的竞争力。通过发挥一线员工的聪明才智，充分利用储罐主体钢板材料的边角余料和土建模板余角料，自己动手设计制作满足施工需要的工装设施和标牌展板，既有效节省了市场采购成本，又降低了运输成本。

（案例权利人：王洪珉　李长勇　景利国　朱放）

推进资金精细管控　资金管理质效双增

第七建设公司（以下简称七建公司）细化管理、多方面制定管控措施，在资金的精细化管理方面取得了良好的效果。七建公司全面推行内部贷款制度，建立了资金有偿使用机制。按单项合同控制项目资金收支，管控更加精准。催收、清欠等专项行动的开展促进了“三金”压降，回收速度明显提升，资金回流加速。连续三年，资金存量持续攀升，分别达到了 ** 万元、** 万元和 ** 万元的高点，近两年更是突破了 ** 万元的资金量级，资金存量屡创新高。精细化的资金管理模式确保了七建公司资金的良性循环，为生产经营提供了坚实的资金保障，全面提升了资金管理的效率和效益。

一、强化资金过程管控，树立“资金流出流入对等”的资金收支理念

在项目资金管理中，往往存在“管付款的不问收款”“管收款的不知支付用途”等现象，造成收款与付款环节责任脱节。为强化项目资金管理的责任意识和主体意识，七建公司对比挂钩资金流出与资金流入，在各级管理人员中树立“资金流出流入对等”的资金收支理念。对于大额资金支付，特别是合同性付款，资金支出必须要考虑与之匹配的资金来源。在资金来源未落实前，不得先行安排资金付款，改变了收付款责任脱节的现象。在此基础上，逐步将物资采购、工程款支付、设备租赁等主要合同性付款的责任主体下沉至项目部层面，由基层项目部逐项落实支付款项对应的资金来源。通过付款与收款的匹配，实现了以收款保付款、以付款促收款的效果，扭转了项目部层面资金透支的不利局面。

二、基于推行内部贷款制度，强化差异化资金管理策略

七建公司对项目执行过程中的资金来源进行了进一步细分，按照资金来源的渠道，将项目资金来源分为“合同收款来源”“免息流动资金来源”“内部贷款来源”三大类。针对不同类别的资金采取差异化措施进行分类管控。“合同收款来源”是项目的核心资金来源，必须按照“应收尽收、应收快收”的原则重点把控，确保项目资金正常运行的根基稳固。“免息流动资金来源”和“内部贷款来源”是项目阶段性的辅助资金来源，主要解决项目短期的资金缺口。

“免息流动资金”额度按年核定，逐月拨付、用完为止、项目结束后收回。内部贷款计息收费，按次申请，每次申请前都需完成相应的内部贷款审批流程，对于单笔金额 ** 万元以上的内部贷款还需由执行董事审批后方可拨付。

“内部贷款”审批手续的办理过程实际上也起到了提醒项目主要负责人及时回收工程款的重要性，从另一方面进一步压实了项目资金管理的主体责任。当然，内部贷款也绝非是只要有资金缺口，就进行内部贷款，而是坚持“无效益不垫资”“预期效益不落实不垫资”的原则；对于单体合同，特别是大额合同，确需内部贷款的，首先要组织造价、财务、供应、工程等部门对资金情况进行全周期分析，并形成分析结论，然后根据分析结果进行垫资风险研判。对于周期性的资金阶段性缺口，在风险可控的情况下予以通过内部贷款审批。对于具有风险性的资金缺口，不予审批。对于特殊情况，需上会审批。

差异化资金管理策略的实施促使资金管理更加精准，靶向更加明确，将有限的管理力量投入到重点的管理环节，达到最优的资金回收效果。

三、建立按单项合同进行资金收付管控模式，提升精细化水平

为进一步提高资金管理的精细化程度，七建公司按照单项合同核算收款、付款及资金结余，建立了以单项合同为管理对象的资金管控模式，避免不同合同之间资金的相互串用。项目执行过程中，各单位均建立了单项工程资金收付管理台账，按月统计分析单项工程资金的收付款动态，** 个资金单位每月都向七建公司报送管理台账，对涉及的 ** 余项工程进行全面资金监管。在此管理模式下，各单位在支付合同性付款前，首先要分析单项合同自身的资金收付现状，考虑单

项合同的资金存量是否可以满足支付，当收付差为负数时，停止安排该工程项下的合同性付款。

同时，七建公司财务部按月根据各单位单项合同收付款动态，对负差单位进行资金预警。在每日资金拨付过程中也严格按照单项工程资金存量进行管控，对于单项工程收付差额负数的单位不予垫付资金。通过近两年的运行，单项合同资金管理模式有效地促进了收款、合理控制了付款，对公司全年现金流为正起到了至关重要的作用，对防范资金风险也起到了积极的作用。

四、持续强化“三金”管理，确保资金来源渠道稳定

持续强抓“三金”指标压控。按照七建公司督办、主体单位实施的两级工作机制，分解任务、责任到人，实施全程跟踪及定期报告相结合的方式，以阶段性“三金”压降目标的落实保证年度目标的实现。过程中开展了催收、清欠专项行动，逐笔分析梳理各类债权，针对不同业务、不同账龄、不同回收难度，分别制定针对性的回收策略。对重点、难点应收款项制定“一事一策”的清收方案。加强现场物资管理，积极利用清仓利库、库平利用、修旧利废等方式提高实物存货周转效率，将实物存货控制在合理水平。逐项排查长期无动态或结算严重滞后的结算项目，查明制约结算的关键因素，列入重点结算计划予以重点督办，确保工程存货和合同资产指标全面下降。“三金”指标的持续压降为确保资金来源渠道的稳定起到了积极的作用。

五、多措并举强抓收款，确保债权应收尽收

应收账款回收是资金来源的核心渠道，款项的及时回收是保障资金正常流转的基础。七建公司强抓工程款回收，对于具备回收条件的债权，积极与甲方沟通回收资金，对于重点款项，采取上门催收、专人盯收等多种方式加快款项回收。对于难点及争议应收款项，采用法律手段，重点清收。同时提高主动维权意识，对合同执行过程中发现业主（甲方）存在资金链断裂、资信出现重大问题和重大不利法律案件等线索时，立即进行评估，根据评估结果选择索赔等方式适时止损。

案例启示

“治玉石者，既琢之而复磨之；治之已精，而益求其精也。”资金管理作为财务管理中业务量最大的板块，常常因为常规而难以突破创新。要在这个领域取得进步，就必须不断细分、推敲和研判现状业务，发现流程中的可优化之处。以不满足于现状的态度，追求持续改进，力求达到尽善尽美，往往能在平常中发现非凡，取得意想不到的成果。

七建公司经过近年来的摸索，逐步建立了适应项目管理的精细化资金管理模式，从资金管理理念的树立、内部贷款制度的建立、单项合同资金的管控模式、“三金”压控等多个维度建立起了综合的资金管理体系，在全面保障项目顺利执行的同时，取得了良好的资金管理效益，同时对提前识别项目效益风险也有所裨益。

（案例权利人：王学清　杨学农　王有举　张琦　李萌　李昌）

狠抓“三金”清收 资金运营稳定向好

中油（新疆）工程公司（以下简称新疆公司）围绕年度经营目标，多措并举狠抓“三金”清收和规模管控，攻坚创效走深走实，资金运营效率逐渐提高，自由现金流稳定向好，企业进入运营良性循环、稳健发展。

一、坚定目标，完善机制，“三金”压降常抓不懈

为了巩固扭亏脱困成果，增强现金流管理能力和造血机能，坚决实现合同资产、应收账款余额硬下降成为企业必然的选择。新疆公司上下统一思想，将“三金”压降作为重要管理和绩效考核目标之一，以降存量、控增量为抓手，持续坚持当年新开工程新增合同资产为零的管理目标，完善清欠清收的长效机制，以确保获得有现金流的有质量的利润。

二、责任明确，齐抓共管，动态管理多措并举

（一）领导班子高度重视，亲抓实管专项清收

一把手指导、明确督导项目压降思路，主管经营领导月跟进沟通项目实施压降进展，事业部分管领导负责与业主方协调沟通重点难点问题。疫情环境下，领导班子成员互相配合，克服人员物理位置移动受限的因素，全力以赴压降合同资产、应收账款金额。

（二）责任部门聚焦重点，统筹协调细化管控

费控部门对合同资产排名靠前的项目包含专清项目、以前年度遗留项目、低效负效资产项目、已完工未关闭项目、合同资产金额较大的项目进行重点监控，分析形成原因，制定一项目一方案、有效措施消减压控；将重点清理项目的结算

关口前移，下达《结算清欠目标责任书》，按照项目类别，制定结算计划，实行月考核；督促在建工程项目进度款及时计量、结算。

财务部门逐笔梳理查明款项账期、账龄、逾期和存在分歧情况，理清应收账款问题，紧盯账龄为一年以上的应收账款，按项目制定应收款项专项实施方案；重点管控清收逾期欠款项目、跟进专项清理工作方案落实，对项目金额大小、甲方性质、拖欠风险进行分类研判，实行分级督导；月度发布清收简报，共享责任团队。结合月度、滚动资金计划流入测算，督促应收账款及时回收。

采购管理部门实时了解施工现场项目建设动态，分析项目建设不同阶段的物资需求。针对不同物资的料性、生产周期、市场调价信息等因素宏观把控采购过程，在满足现场施工需求的情况下减少库存。

（三）上下联动，专题清理，抓实项目过程管控

财务、费控、采购、工程项目、合同、法务等多业务部门与项目联合清欠，从源头促动清收进度。基层单位实行“周汇总”方式跟进清收情况，部门联合召开“月总结”例会，掌握清欠进度，动态分析存在问题、难点，确定和调整逾期欠款清理工作方案。

每月召开一次重点专题汇报会（合同资产、应收账款、存货清收细化到项目），有步骤、有针对理清摸透项目问题。对“三金”规模大的单位定向沟通和协调，定期阶段总结，部门季度发布资金监控通报，分享“三金”、现金流管理亮点。

（四）积极作为，紧盯已完工未关闭项目结算进度

加强纵横向沟通，确保合同履行到位。将已完工未关闭项目作为压降合同资产重点。建立未核销项目台账，动态管理已完工未关闭项目，分析已完工总包已结算项目、已完工总包未结算项目、其他原因未关闭待核销项目具体情况，专人专项重点跟进；对已达到累计收款支付节点的项目，费控部门与工程项目管理部门协同督促项目加强结算过程资料准备，夯实结算基础工作，确保及时上报结算。

（五）制定考核奖惩方案，强化责任落实

2021 年修订降“两金”、潜亏项目减亏工作考核实施方案，2022 年结合新

疆公司降合同资产、应收账款管理方案实施中的问题，制定重点工作考核实施细则，量化目标工作绩效考核标准、细化目标实现质量，将“三金”压降情况与日常、年底考核挂钩，考核奖励。

三、攻坚克难，成果斐然，“三金”质效再上台阶

（一）“三金”占用规模大幅持续下降

2022 年同比 2020 年应收款项总量下降 24%、合同资产总量下降 49%、存货总量下降 65%，“三金”规模下降 38%，资产结构优化。2021—2022 年核销总包项目 ** 个项目，核销金额 ** 万元，为新疆公司承揽的项目尽快回款奠定了基础。

（二）年度自由现金流日益向好

2022 年自由现金流同比 2020 年度由负转正增加 ** 万元，货币资金余额增长 83%，经营性现金流入占比营业收入增长 34%，表现出较好的现金周转能力，对项目运转有良好的资金保障。

（三）“三金”质量得到明显改善

领导挂牌督办历史遗留项目，工作推进实现突破。2012 年，九公里地区 2 号地块生态休闲居住区项目于 2020 年签订民事调解书，通过领导与业主多次沟通协调，2022 年开票结算 ** 万元，将该项目的合同资产全部压降完毕并回收 ** 万元；2013 年克拉玛依西南科技园保障性住房工程，项目人员及时完成项目质保期回访保修工作，在质保到期后及时办理了十份质量验收单，5 个地块完成了验收且无质量问题，同时针对未开票结算的工程款一直在向业主发函和上门催收，2022 年压降合同资产 ** 万元；2014 年风城燃煤注汽锅炉工程和红山油田燃煤注汽锅炉工程由于业主单位资金紧张，进度款尚未付完毕，剩余工程质保金一直不同意开票挂账。通过领导多次与新疆油田公司协商谈判，2022 年开票结算 ** 万元，将两个项目的合同资产全部压降完毕。

主动作为、多方解决结算争议和变更签认，清除“三金”存量的顽瘴痼疾。如 2019 年吉木萨尔页岩油联合站工程为近几年新疆油田公司开发公司最大的建设项目。结算审核过程中，造价审核单位对此项目所有工程量都要严格复核，定额子目也是反复考量。项目部经理亲自牵头，项目经理主抓，成立责任团队，制

定措施，责任到人，克服重重困难最终 2022 年完成压降 ** 万元并全部收款。又如 2019 年中俄东线天然气管道工程线路施工第六标段，因关于中俄六标补充合同签订问题，业主内部未达成一致意见，致使待增补合同进度计量严重滞后。为完成合同资产压降任务，新疆公司领导牵头多次与业主沟通，另行寻求通过完成征地复垦途径进行进度结算，最终完成了业主要求的提供四个县区复垦验收报告，2022 年提前完成 ** 万元合同资产压降并全部收款。

案例启示

"事非经过不知难，成如容易却艰辛。"资金是企业生存发展的基石，"三金"是建筑施工企业除货币资金外非常重要的流动资产，企业资产质量集中体现在流动资产的优劣上。"三金"过高，应收账款长期挂账，已完工未结算项目久拖不决，必将导致企业出现大量的低效无效资产，降低企业整体资产质量。企业必须有效控制"三金"规模、降低"三金"总量，及时将"三金"转化为货币资金，促进企业资金进入良性循环，避免企业因流动资金短缺引发财务危机。

清收工作任重而道远。"三金"清收既是一场"攻坚战"，更是一场"持久战"。加强现金流管理，管控项目亏损和资金风险，获得稳定的现金流和利润，坚持实现"三金"总量硬下降、自由现金流为正的目标，是确保企业可持续发展的正道。

（案例权利人：黄鹤　谭振海　张书华　魏红　昝凤云　吉西峰
韩华　范菊荣　杜剑峰　刘彦儒）

借助政府优惠政策　促进企业蓬勃发展

近年来，国家支持企业创新力度不断加大，采取切实有效的举措，推出了一系列政府补助和税收优惠政策，持续助推企业科技创新。新疆天维无损检测有限公司（以下简称天维公司）历经磨难，成功申报高新技术企业，充分享受政策优惠带来的红利同时取得市级、省级专项奖励，为企业提质增效创效添砖加瓦，促进了企业的蓬勃发展。

一、首获高新技术企业称号，克服疫情挑战

天维公司在申报高新技术企业时，领导挂帅，指定专人负责，统筹安排，联合中介机构作业，投入了较多的人力、物力和财力。2021 年 9 月 18 日取得高新技术企业资质，享受高新技术企业的相关优惠政策。2022 年新型冠状病毒感染疫情大暴发后，导致很多项目被迫停工、停产，有的项目停工长达 2～4 个月之久，严重阻碍了科技研发工作的顺利推进，企业面临疫情挑战。面对现实，天维公司利用优势，克服困难，让企业走上发展之路。

二、市级、省级专项奖励，为企业注入新能量

通过取得高新技术企业，天维公司享受政府奖励共计 55 万元，切实体会到优惠政策带给企业的实惠，为企业发展注入了新的活力和能量。尽管生产经营环境严峻，疫情恣肆，但天维公司研发人员从未停歇，一直关注着政府的各项政策和举措。

2022 年 9 月中旬，天维公司接到克拉玛依市科学技术局通知，根据《关于进一步深化创新驱动发展的若干措施》和《〈进一步深化创新驱动发展的若干措

施〉科技资金兑现实施细则》的要求，对2021年度通过认定的高新技术企业给予奖励。天维公司按照文件要求，即刻准备各项资料，克服疫情困难，于9月底收到了来自克拉玛依市科学技术局30万元的高新技术企业奖励补助金。11月初，又接到新疆维吾尔自治区科学技术厅的通知，根据《新疆维吾尔自治区高新技术企业发展专项资金管理办法（暂行）》（以下简称资金管理办法）规定，通过“后补助形式”对上一年度满足高新技术企业条件的单位进行奖励，天维公司得到“新疆维吾尔自治区2022年享受高新技术企业认定后补助奖励20万元和研发费用后补助奖励5万元”的资金奖励。虽受疫情封控影响，天维公司提前策划分两步推进提交资料，通过扫描电子文件形式让对方先确认信息，待快递恢复正常后邮寄相关纸质资料原件，稳步推进，于11月末收到来自新疆维吾尔自治区科学技术厅25万元的“后补助奖励金”。

三、使用税收优惠政策，为企业发展添翼

天维公司积极学习税收优惠政策、掌握并使用政策，理论联系实际，享受**万元的企业所得税税前加计扣除减免优惠，按照高新技术企业减按15%的税率缴纳企业所得税，减免企业所得税**万元；因享受税前加计扣除政策，在企业所得税年度清算汇缴时，符合小型微利企业条件，享受小型微利企业减免企业所得税**万元，以上两项减免企业所得税**万元，减轻了企税收负担，提高了净利润，减少了资金支出。高新技术企业的取得，除了获得政府给予的直接奖励外，财政部、税务总局、科技部为加大支持高新技术企业的创新发展，促进企业设备更新和技术升级，联合发布了《关于加大支持科技创新税前扣除力度的公告》〔财政部 税务总局 科技部公告2022年第28号〕，对于企业所得税税前扣除更是提供了相应的优惠政策。

（1）高新技术企业在2022年10月1日至2022年12月31日期间新购置的设备、器具，允许当年一次性全额在计算应纳税所得额时扣除，并允许在税前实行100%加计扣除。天维公司通过批准的采购计划后，为充分利用政府税率优惠政策，决定推迟采购时间，将未采购的固定资产设备推迟到第四季度采购，购置了价值**万元的生产设备，充分利用政策，在据实扣除**万元的基础上，再税

前加计扣除 ** 万元，合计税前扣除 ** 万元。

（2）通过现行适用研发费用税前加计扣除比例 75% 的企业，在 2022 年 10 月 1 日至 2022 年 12 月 31 日期间，税前加计扣除比例提高至 100%。天维公司 2022 年第四季度研发费用为 ** 万元，此前研发费用加计扣除比例为 75%，按照新政策规定，可按 100% 享受加计扣除政策，这项优惠政策使天维公司增加 ** 万元的研发费用税前加计扣除。

（3）根据《财政部税务总局关于实施小微企业普惠性税收减免政策的通知》（财税〔2019〕13 号）、《财政部 税务总局关于实施小微企业和个体工商户所得税优惠政策的公告》（财政部 税务总局公告 2021 年第 12 号）及《财政部 税务总局关于进一步实施小微企业所得税优惠政策的公告》（财政部 税务总局公告 2022 年第 13 号）等规定，对小型微利企业年应纳税所得额不超过 100 万元的部分，减按 12.5% 计入应纳税所得额，按 20% 的税率缴纳企业所得税。对小型微利企业年应纳税所得额超过 100 万元但不超过 300 万元的部分，减按 25% 计入应纳税所得额，按 20% 的税率缴纳企业所得税。天维公司企业所得税年度清算汇缴应纳税所得额为 ** 万元，符合小型微利企业标准，根据优惠政策应纳税额为 ** 万元，减免所得税额 ** 万元。

案例启示

“天时地利人和，把握政策红利，顺势而为。”通过得到实实在在的“定向补助金”，让企业有了更大的信心，更加愿意积极地投入到科研工作中，激发工作热情。时刻关注相关政策的发布，充分理解和掌握，通过政府每年新出台和更新的税收减免等相关政策，结合企业自身经营情况，科学合理地利用好优惠政策，将提质增效工作落到细处和实处，积少成多、积水成渊，逆向鼓励企业创新技术向纵深发展、向高端转型，切实实现企业获利和员工增收。

（案例权利人：张顺友　吕金鑫　朱江　王冰　隋丰安　宋小平
刘洋彤　向凯　穆娟）

强化内部沟通机制　严格资金管理意识

现金流是企业生存和发展的基础，广东石化项目部（以下简称项目部）在项目执行过程中强化内部沟通，从思想上提高资金回收意识，牢固树立“现金比利润更重要”的理念，制定资金回收考核程序，优化收款方式，确保资金回收到位；结合项目实际管理情况，制定合理的资金计划报送流程，通过信息化手段完善资金计划管理，加快了资金回收速度，提高了资金使用效率，为项目健康持续运行提供了强大的支撑力。

一、提高资金回收速度，保障项目顺利进行

为加速资金回收，保证项目施工资金需求，制定项目部资金回收考核程序，明确相关责任，以每份投资完成额确认单报审时间为开始时间，45 天为一个收款考核周期。执行过程中，项目财务部紧密联系各个业务部门，做好每份投资完成额确认单的登记，建立收款台账，对比分析收款情况，及时督促和提醒资金收款节点，助力加快资金回收效率。通过不间断的督促和沟通，各个业务部门形成了积极的资金回收意识，遇到审批中的问题主动担责，为资金回收工作打下了坚实的基础，成功助力完成公司收款目标，及时缓解公司资金压力。

2021 年第四季度，公司下达四季度结算收款指标，其中结算指标 ** 万元，收款指标 ** 万元。当时正值业主当年投资不足，项目部通过与业主积极协商，并将现场施工进度的情况汇报给业主主管领导，为了保障现场施工计划及施工队伍的稳定，寻求业主的大力支持。此外，针对结算收款派专人负责，协调不同批次业务一起发起付款申请，减少系统审批流程频次，尽最大可能尽早回收资

金。通过项目部的积极努力与配合，四季度实际完成结算 ** 万元，指标完成率 127.21%，收款 ** 万元，指标完成率 143.40%。全部超额完成公司下达的四季度结算收款指标，为公司年末自由现金流指标为正做出了贡献。

二、提高资金使用效率，完善资金计划流程

为提高资金执行率，保证后续施工有序平稳开展，项目财务部采取信息化手段，在 EMP2.0 系统中完成资金计划编制工作。各部门相关岗位在系统中按照统一的资金计划模板，根据本部门次月工作开展情况，对已办理完或办理中的资金计划实行“见单上报”，对预见性资金计划实行“清单上报”，项目各部门负责人和各业务主管领导对部门资金计划真实性、合理性进行审核、审批，财务部门根据各部门审批通过的资金计划，编制项目部汇总资金计划，经财务负责人审核，项目总会计师审批后，在司库系统进行计划上报。

三、提高资金分析能力，助力高质量发展

结合每月资金计划情况，分析每月资金计划中各项费用明细的占比，重点针对比重较大的计划加强管控，提高资金计划的准确率；结合大司库中资金计划执行率，分析每个明细项的执行情况，找出对应的上报部门，分析执行出现偏差的原因，进行有针对性的改进；按照各个部门上月的资金执行率的差异，对当月资金计划进行相应核减，避免资金计划虚高，同时，将个别多余资金在部门间调用或释放给总部统一调配，提高资金计划执行率。

案例启示

“立功成器以为天下利，莫大乎圣人。”资金是企业运行的血液，资金能否正常周转流通，决定着企业的生存和发展，资金流量不足、资金流通不畅、资金链断裂会导致企业出现财务危机，严重影响企业的正常生产经营，企业将会面临停产甚至破产清算的危险，财务人员应当不断地提高资金管理水平，满足企业高质量发展的需求，针对现金收支的比对和分析，能及时针对企业资金情况做出应对，为企业资金管理提供保障。

项目部使用信息化手段上报资金计划，夯实了资金计划的数据来源可分析性，在审批过程中，加强了业务部门对资金计划的重视程度，提高了资金计划上报的准确性，可以更加充分灵活地处理计划内多余资金，进一步提高资金使用效率。

（案例权利人：雷波　查理　姚建强　邓琳　张津　杨晓迪）

外部经营环境突变　内部积极应对化解

2022 年，对哈萨克斯坦分公司（以下简称分公司）来说注定是不平凡的一年，这年，公司外部经营环境突变，对公司生产经营构成重大不利影响，分公司内部迅速响应、全面分析、制定措施，最终成功应对化解生产经营涉税风险，其接受税务检查的经历，在 2022 年提质增效价值创造专项行动中成为一大亮点。

一、经营环境突变，税检接踵而至

2022 年年初，分公司经营环境面临突变，当时有多名总包商和分包商中方员工在哈国工作，期间失联近 72 个小时。随后收到一系列检查通知单，涉及移民、安全、劳动、税务、经济事务等多方面。分公司沉着冷静应对，专业有效组织安全防控，最大限度保全了公司财产和员工人身安全。

分公司在哈国运营两家独立纳税单位，一是公司于 2000 年 4 月在哈国阿拉木图市注册成立的全资法人单位（以下简称 CPECC 子公司）；二是 2015 年 4 月在哈国齐姆肯特市注册的哈国非独立法人分公司（下文简称 CPECC 哈萨克斯坦分公司），这两家单位在 2021—2022 年期间都经历了全面的税务检查。

2021 年 7 月，CPECC 子公司接受了哈国税务机关对该公司 2018 年经营业务进行综合性税务检查；该项税检持续近一年的时间，于 2022 年 9 月关闭税检事项。2022 年 7 月 15 日，CPECC 哈萨克斯坦分公司收到齐姆肯特市税务局税务检查通知，对该公司 2019—2021 年的各项业务进行综合性税务检查。

二、积极应对税检，确保合规运营

收到税务检查通知后不久，迎检人员就收到了一份冗长的资料清单，各种资料类别足足有40多大类，不仅仅针对财务日常业务、发票业务、纳税申报业务，还要求提供项目招标资料、分包招标资料、项目预算、分包采购合同、施工图纸、施工日志、中方人员劳务签证、员工考勤等。

面对资料清单，分公司吸取以往税检的迎检经验，前期做好了充分的准备。在收到税检通知的第一时间，就高度重视税检事项，为了更好地应对税检，维护公司经济利益和声誉，第一时间成立了应对税检工作专班，并提出了几项工作要求：

（1）加强责任认识，明确工作职责和工作纪律；建立例会制度、周报制度；紧急情况、突发情况，随时沟通、随时汇报。

（2）针对税务局要求提供的检查资料，涉及各项目、各部门，要端正态度、认真对待、积极准备；工作落实到责任部门、落实到责任人，资料提交要做到及时、准确、真实；要注意提交资料的合法性、合规性、合理性，实事求是，严禁弄虚作假。

（3）要求财务人员靠前应对，积极跟进和掌握税检动态，积极与税检人员接触和沟通，把握与税检人员的沟通时机，争取风险可控，尽快关闭税检。

根据工作布置，财务人员按照要求的清单和时限提交了资料；税务稽查人员也进入紧张的工作状态，审查各项提供的资料、向对接人员提出各种问题，经过几天的审查，没有发现纳税环节的纰漏，纳税申报金额、缴纳时限都符合哈国税法的规定；税务稽查人员开始针对各类采购、分包、进口环节业务进行审查。

本次对CPECC哈萨克斯坦分公司的税检，是该公司自2015年成立以来首次进行的综合性税检，检查期间该公司主要执行的是PKOP炼油厂现代化改造项目，总承包合同额达到**万美元，涉税金额大、涉税面广。在PKOP炼油厂改造项目筹备阶段，分公司就组织开展了精细的税务管理工作，针对该项目的执行方式，向哈国知名咨询公司和同类型单位进行了书面咨询和交流，并形成了项目税务管理实施细则；在项目执行过程中，分公司严格按照实施细则开展相关工作——依法纳税是公司在哈萨克斯坦持续经营的基础，加强中方人员税务培训，做好税务筹划，翻译、整理部分哈国税法，定期组织财务和业务人员学习，树立合法经营、依法纳税的理念；以守法为前提严格按照哈国税法履行纳税义务，及时正确地完成税务申报和缴纳，并随时向税务机关索取缴税证明和无欠税证明文件；尽享哈国税法及中哈双边协定有关优惠减免，保证 CPECC 在哈项目的整体收益；与税务机关和咨询机构建立联系或合作关系，对有关涉税问题及时咨询，确定应对方案；针对关键税务风险控制点，必须经过财务、经营、合同及相关主管领导层层审批，防范重大涉税风险。

项目执行中通过落实以上措施，在 2022 年的税检中稽查人员针对各类业务环节的审查中，没有发现重大税务违规项，遵守哈国法律法规、合法纳税，守法经营。

案例启示

"一蓑烟雨任平生。"一是日常须做好各项基础工作。财务人员须加强税务政策学习，熟悉相关税收政策，做好财务、纳税基础工作；各业务部门同样要做好日常工作的档案管理，资料应分门别类存档；海外各分子公司，因为需留存大量的国内档案资料，需单独存放资料。二是税务稽查前的准备工作要充足。面对税检要统一协调，成立专项应对工作组，有组织有计划地开展应对工作；注意税务稽查提交资料的一致性；注意关联单位与经常性往来单位的业务往来，及时与这些单位进行沟通；稽查前开展自查及补税，做好自查自纠工作。三是接待税务稽查人员要沉着冷静。对于税务稽查人员的进驻，要沉着冷静自信，安排经验丰富的人员全程陪同，了解意图、争取时间；被稽查单位负责人接待税务稽查可礼节性出面应付，对公司各项财务问题不做肯定性答复和介绍，由财务负责人接待稽查人员。四是税务稽查意见要及时沟通，不放过任何一个阶段性协调的途径。税务检查过程中针对稽查人员要求提供的资料和提出的问题，要及时反馈；现场稽查后到税务处理决定做出前，要确认税务稽查底稿、取证资料是否准确，是否阐述明确有利于己方的背景和法律条文；接到税务处罚告知书之后，如存在明显有失公允的处罚，应请求听证，如有必要可进一步提出行政复议及行政诉讼。五是与税局协调时，在了解了税务机关和税务稽查人员的意图、任务后，要及时协调；协调要选择合适的方式、方法，协调关系以自下而上为主；要熟悉税收政策和法律法规，找准问题的突破口。

（案例权利人：杨铁石　韩德明　金韦　王欲晓　魏书富　周凤噶比特　李明　田建新　刘鹏彦）

精益管理助推发展　盘活资产再创新效

海湾地区公司巴布项目部（以下简称巴布项目部）2017 年 11 月授标开工建设，原始合同额 ** 万元。项目施工过程中，巴布项目部建造了项目临时营地，其中部分营地由业主的项目管理团队（PMT）使用，巴布项目部负责营地的日常运营维护。2022 年巴布项目取得业主颁发的临时完工证书后，就营地后期的运营关闭事宜巴布项目与业主进行了持续沟通谈判，最终业主同意以支付租赁费的形式继续使用巴布项目营地，巴布项目部在盘活资产、避免资产闲置的同时，也为公司创造了良好的经济效益。

一、盘活资产，创造经济效益

项目执行初期，巴布项目部根据主合同为业主项目管理团队建造现场临时生活营地及办公室，并负责提供项目执行周期内业主营地的运营服务，营地所有权归海湾地区公司所有，日常运营费用由巴布项目部承担。巴布项目部业主营地于 2017 年年底开工建设，2018 年年底投入使用。

在巴布项目中后期，业主项目管理团队人员在负责巴布项目的同时还兼职布哈萨、巴布 485 等其他项目管理业务。2022 年 2 月 28 日巴布项目达到临时完工条件，正式进入质保阶段，主要工作范围仅剩尾项消除、竣工资料整理、备品备件采购、质保运维等少量工作，此时业主项目管理团队人员没有相应减少，但其主要工作精力已经由巴布项目逐步转移至其他项目，已超出合同规定的服务周期和范围。因此，巴布项目部向业主提出如何解决业主营地后续运营及费用承担问题。

按照合同规定，项目执行周期内营地的运营服务及费用由巴布项目负责并承担。项目进入临时完工阶段后，业主项目管理团队理应只保留与之相适应的管理人员，其余人员撤离业主营地。经过与业主的初步交涉，业主建议以租赁的方式继续使用当前营地，以解决后续营地运营问题，但要求巴布项目部统计营地实际运营成本，上报业主审核。经过梳理，巴布项目部向业主上报的月度运营成本及建设费月度摊销共计 ** 万元，该费用包括与业主营地服务相关的全部成本。业主收到巴布项目上报的成本测算资料后，组织各相关部门人员进行了严格审核，每一项成本都要求巴布项目部提供相应的支持资料，如合同、发票、付款证明等。尤其在营地建设成本分摊方面业主提出强烈反对意见，业主认为营地建设属于巴布项目工作范围内的业主服务内容，其建设费用已经含在了合同额中，已经随工程进度款发票支付给了海湾地区公司。在此问题上巴布项目部与业主项目团队管理层进行了反复协商，最终业主同意摊销的建设费用按照确认一定金额给予补偿。同时，业主同意按照营地实际运营的部分成本给予巴布项目部一定的加成利润。

随后，业主委托其承包商来办理营地租赁事项，双方于 2022 年 5 月正式确定业主营地租赁协议，月租金 ** 万元，期限暂定 1 年。

巴布项目部成功将项目临时营地转化为租赁资产，避免了资产闲置，为公司创造了良好的经济效益。这一转变不仅体现了巴布项目部的灵活应变能力，也展现了其在资产管理和经济效益创造方面的卓越能力。通过这种方式，巴布项目部不仅确保了资产的有效利用，还为公司带来了额外的收入来源。

二、避免闲置，确保物有所用

业主确认的营地直接运营成本（土地租赁、水电、消防、垃圾处理等，不含建设费分摊）为 ** 万元，在此基础上业主按照营地直接运营的部分成本给予海湾地区公司加成利润，业主营地租赁每年可创效 ** 万元。

业主项目管理团队人员对巴布项目部提供的设施及各项服务非常满意，业主也正以此为中心管理周边油区其他项目，长远来看业主将会持续租用项目部营地。作为连锁效应，业主新项目的承包商也在与巴布项目部进行接触，希望租用巴布项目现有营地，未来可以预见巴布营地将持续创收。营地对外出租避免了营地闲置浪费，确保物有所用，又为项目部创造了可观的经济效益。

在干好工程的同时，巴布项目部努力提高对业主的服务质量，维护好和业主的良好关系，抓住一切可以创造额外经济效益的机会。业主的满意，既是对巴布项目部工作的肯定，也为后续市场开发和价格谈判提供了无限的生机。

案例启示

“善弈者谋势，善治者谋全局。”巴布项目部超前谋划，用实际行动阐释了提质增效价值创造。面临项目收尾和营地后期处置，巴布项目部做到早布局、早行动，最大限度发挥营地利用价值。案例启示我们，事在人为，只有坚持才会无悔。遇事要多往前考虑，做到未雨绸缪。管理好资产，才能做到物尽其用。资产是什么？会计学上对资产的定义为：资产是由企业过去的交易或事项形成的、由企业拥有或控制的、预期会给企业带来经济利益的资源。资产只有在使用中才能体现它的用途和价值。如何让资产不闲置浪费，如何让资产发挥最大的经济效益，既是资产持有者的责任，也是义不容辞的义务。公司海外项目都会面临营地如何处置的问题，或出租或变卖或复原。不管哪种处置方式，只要在资产使用期内充分发挥其应有的使用价值，就是对资产最好的尊重。

（案例权利人：吴家熬　陈志勇　李勇　杨晓轩　张君）

CHAPTER 2

第二篇

坚持精耕细作　做到供给高效　增强产业价值

用好项目预算密钥 算盈项目效益难题

某气田区块产能建设地面工程施工项目是四川油建公司（以下简称项目部）并入公司以来承接的第一个A级项目，也是全面接轨公司管理模式的第一个项目。针对此前项目管理长久存在的“重生产、轻经营”，管理人才短缺造成的项目经营管控力有不逮，对项目整体经营成效把控不足问题，项目部严格按照公司管理要求，以规划、盈利和挖潜为导向，围绕项目预算管理，提前规划并创新管理流程，以财务管理为中心，加强多线条业务协同，优化、再造与业务流程相匹配的价值管理体系，形成了价值理念引领、效益提升与成本费用控制并重的项目全生命周期预算管理体系，基层动力活力得到充分释放，进一步推动项目管控效能提档升级。

一、以“四精”理念为核心，细化全生命周期预算

项目部实施“一项目一策”，注重细节管理，以全生命周期预算为指引，提前策划，提高预算管理水平。财经人员全程参与技术审查，制定翔实可行的执行、分包、安全策略。建立风险管理体系，排查并预测项目风险，制定应对措施。各专业管理人员参与方案审查，考虑成本效益，选取最优方案，制定经营财务预算，并据此调整预算。

二、以项目预算为引领，梳理项目管控脉络

项目部根据项目策划和风险评价，全面梳理项目管控关键点，兼顾成本效益原则与重要性原则，聚焦重点、解决难点，针对付款条件不合理、概算缺漏、工期紧张等重要风险，各业务部门群策群力制定生产、技术、经营、财务相互融合

配合的管控措施，项目策划完成后 15 日内编制完成财务预算、费控运行大表、生产运行大表等，锚定项目经营目标——实现利润率和现金流“双重驱动”。

强化零基预算管理，细化成本控制，优化预算结构，确保预算与实际生产相匹配。业财深度融合，确保经营成果真实反映。解决工期紧张问题，通过先进手段和方法提高生产效率，缩短工期，节约成本。

三、做细项目预算执行，业财融合提质增效

（一）业财联动建模分析，助推协同管理创效

项目部优化财务管理体系，实现业财一体化，解决资金不足和收入与产值不匹配问题。创新编制《项目全生命周期资金流预测情况表》，全面管理资金计划，提前预警资金赤字，调整资金安排。制定《项目收入与产值分析表》，标准化分析框架，缩减收入产值差异，确保预算准确。

（二）预算执行流程标准，业财融合形成合力

建立标准化财务经营分析流程，每月召开分析会，汇总各业务部门成本分析报告，针对可能超预算情况及时预警。梳理合同条款，调整工作量清单，确保分包成本真实可靠，及时调整财务预算，反馈成本信息。

（三）系统推进“六化”建设，促进生产提速提效

推行工厂化预制、模块化建设、规模化采购、信息化管理，提高生产效率，解决工期紧张问题。建立现场预制厂，实现机械化流水化作业；委托专业钢结构厂采购及预制，节约工期；规模化采购，专业化分包，节约材料采购费用。通过 SKID 软件（大型天然气处理厂工艺管道智能管理系统）应用，提升技术质量管理水平，确保工程质量。信息化管理实现了生产技术协同，自动划分三维试压包，结合数据库自动生成尾项清单，大幅提高工作效率。焊工单人单日工作量提升，焊口合格率提高，单位工程合格率 100%，确保骨架工程一次投产成功。

通过强化预算、组织创新，克服建设工期紧张、征地手续不全、物资滞后等外部不利因素影响，骨架工程于 2022 年 11 月 30 日成功投产，创造了“当年开工、当年投产”的大型整装致密气田建设奇迹，刷新了同类油气田工程建设多项

纪录。通过加强成本过程管控，2022 年项目实现毛利 ** 万元，项目部预计管理成本较预算指标下降 14%。

案例启示

“凡事预则立，不预则废。”1922 年，麦金西在《预算控制》一书中从控制角度详细介绍预算管理的理论及方法，标志着企业预算管理理论的形成，经过百年发展，这一管理工具由点到面、由浅入深不断充实创新，发展成为今天的全面预算管理，这项管理工具成为项目经营成功的基石和前提，也是解开项目低利润甚至无利润的钥匙。理论与实践相结合的过程尚需不断探索，如何将宏观的概念落实到项目个体？如何分解预算管理内容？如何实现“全面”管控？该项目提供了一种管理思路。

项目预算是项目管理的出发点。强化项目全生命周期预算的引领作用，预算不能局限在财务、经营业务领域，要向前延伸至施工方案审查，向后延伸至项目关闭，只有当预算的触手在时间和空间上充分触及业务流程的各关键环节，才能厘清项目管理过程中效益流动的脉络，找到管理的重点和捷径。

项目预算管理要标准化、流程化。通过拆解管理要素，识别风险和影响因素，利用表格、建模的方式，建立标准化预算分析模型，制定标准化预算执行、纠偏流程，降低“人人参与预算”的门槛和难度，提升管理效率，缩减管理成本。

（案例权利人：张友星　许静　陈平　康强　杨宏　陈思宇）

强规模化协同管理　保新能源物资供应

公司采购管理处（以下简称采购管理处）牢固树立“合规、降本、高效、服务”理念，坚持目标导向和问题导向，围绕群策群力“建立新能源物资管理目录，快速推进新能源物资集中采购工作”的“急难愁盼”问题。在公司新能源业务持续推进的发展阶段，充分借鉴常规物资规模化采购经验，协同发挥授权组长单位专业优势，稳步推进新能源物资的规模化采购，为公司新能源项目建设提供有力保障。

一、瞄准创新实施策略，推动新能源业务快速发展

（一）强化顶层设计谋划

公司以承担集团内部清洁能源替代示范项目为抓手快速起步，大力发展新能源利用技术和节能减碳技术，领跑集团公司清洁能源替代业务，同时拓展系统外新能源项目，打造公司新能源业务品牌的发展思路，实现对新能源项目提供高质量的物资保障供应。通过对“某光伏项目”采购经验的总结分析，常规物资采购业务中的“一单一采”模式难以有效应对新能源业务中物资采购占比大、施工占比小、建设周期短的特点和难点。

采购管理处从公司新能源业务的整体规划出发，站在集团公司新能源物资采购的前沿，借鉴成熟采购模式，大胆创新，强化顶层设计。针对新能源业务的特点和挑战，提前参与方案制定，全面调研行业产品供需情况，精心规划采购策略。以北京分公司和华北分公司新能源项目为切入点，推行框架协议采购，集中采购新能源专用物资，并积极构建优质供应商资源库，以满足当前项目需求，为

推动公司新能源业务的快速扩张提供坚实支撑。

（二）强化协同组织推进

为发挥单位在新能源项目的市场和专业优势，采购管理处针对分散采购的不足，整合需求，精准制定策略，调研关键采购因素，明确原则，并将新能源关键物资纳入规模化采购，制定《新能源业务物资框架采购策略》获审议通过。同时，协调所属单位资源，组织北京分公司和华北分公司分别进行光伏和风力发电项目物资的集中采购招标。

2021 年 12 月—2022 年 2 月，北京分公司和华北分公司两家单位组建专业采购团队，从项目实际需求到外部供应市场资源开展了深入的调研分析，持续编制和完善采购方案，以通过充分的市场竞争达到既贴合实际项目特点和需求，又能发挥规模化采购降本、高效的预期，还具有在后续新能源项目推广应用价值的采购效果。

为实现这一目标，采购管理处秉持“公平公正、精准精细、竞争择优”原则，科学设定资格条件，吸引优质投标人，优化评审流程，量化评分标准，降低评标难度，提升采购效率。经过 8 次评审会议，完成对四项新能源物资采购方案和招标文件的评审，顺利通过电子平台完成招标。2022 年 2 月至 4 月，光伏组件等四项物资集中采购结果公布，圆满完成规模化采购任务。

二、应用新能源物资集中采购方案，推动精细管理取得成效

（一）采购成本有效压降

新能源物资集中采购方案在玉门某光伏项目、冀东某光伏发电项目、新疆某绿电项目等 6 个光伏项目的广泛应用，有效发挥了规模化采购的降本作用，2022 年全年执行集采结果累计金额 ** 万元，节约资金约 ** 万元，资金节约率达到 **%，为推进实现提质增效目标作出了积极贡献。

（二）采购效率明显提升

常规“一单一采”模式需 40 天左右，难以匹配新能源项目短周期需求。规模化集中采购模式简化流程，缩短实施周期至 20 天左右，减少招标次数，提升采购效率，符合法规要求。

（三）供应资源稳定储备

规模化采购将供应商作为资源管理，利用公司市场影响力增强供应资源吸附力，建立长期合作关系，确保供应保障。通过新能源物资规模化采购，建立了关键物资供应商数据库，储备优质资源。

案例启示

“同心山成玉，协作土变金。”公司大力开展物资集中采购，通过经验积累、先试点后推广，集采模式逐步创新，集采范围逐步扩大，整合所属单位共性需求，形成集中批量采购和统一招标，进一步推进了供应商优选和集采竞价工作。这一策略发挥规模效应，有效降低采购成本；通过整合采购资源，切实提升采购质量；通过统一采购标准，降低运作成本；通过规范采购行为，降低合规风险；通过提升议价能力，实现了合作互赢。

这一案例启示我们，团结协作是企业发展的基石。通过集中采购，公司不仅优化了资源配置，还提升了整体运作效率，降低了成本，增强了市场竞争力。这种协同合作的精神和策略，值得在企业的各个层面推广和应用，以实现更大的经济效益与社会价值。

（案例权利人：慕常选　曾祥德　李奕杉　唐大威　刘俊明）

数字化材控赋新能 精细化仓储再提升

西南分公司（以下简称分公司）积极响应公司提质增效专项行动方案中全面推进信息化应用的要求，牵头开展了《总承包项目材料控制体系建设》工作，将体系建立与工程项目实践同步推进，着力提升总承包项目施工阶段的仓储精细化管控水平。

分公司采购部会同设计科室、EDS中心等单位，编制了材料控制体系的管理办法及执行细则，建立了总承包项目材料控制流程，并根据实际情况和材料管理流程需要，自主开发材料控制平台，通过数字化手段，以材料编码为主线，并要求供应商、施工方对设备、材料开展二维码应用。目前已全面实现设计、采购、发货、施工领料审批发放线上运行。

通过材料控制工作的开展，促进了EPC项目各阶段工作的深度融合，提升了总承包项目中对材料的把控能力，在施工阶段的仓储精细化管理方面成效显著，有效降低了采购包的变更率，减少了工时，使项目成本得到了实质性的降低。

一、持续优化材料控制体系，应用价值逐步显现

（一）材料控制体系1.0模式，进行试点应用

2021年3月，分公司开展总承包项目材料控制工作，通过重点基础工作立项、组建项目组的方式，有计划地将材料控制体系建立与工程项目实施相结合，首先在长春LNG项目和渭南LNG项目上进行试点，完成软件完善及测试工作。长春LNG：部分开展设计数据录入、采购订单录入、施工过程数据录入；对建

立的材料控制体系开展项目试应用，对流程进行适应性改造。渭南 LNG：全面开展设计数据录入、采购订单录入、部分施工库存管理与领料审核，对修改的流程在项目上进行试用，开展分公司材控平台开发。

（二）材料控制体系 2.0 模式，进行深入实践

2022 年，分公司在总结多个 LNG 项目使用经验的基础上，明确了总承包项目各个环节材料控制工作流程及操作细则，完成了总承包项目材料控制测试工作。在冀东神木项目中首次将供货商和施工承包商也纳入流程控制中，将材料控制深入到物资入库、出库环节。

（三）材料控制体系 3.0 模式，进行优化升级

通过和田河、塔西南项目的再次使用，验证了材控系统，完善了物资出入库管理，优化了数字化仓库物资台账，实时掌控材料流转状态，并运用三维数字化协同设计平台和自主开发完成的材料管理系统软件，完成了清料统料自动数据提取，极大提高了清料统料的效率和精准度，提高了 EPC 项目成本控制水平。

经过近两年的不断沟通、测试及现场反复试用、推广，总承包项目材控系统控制体系建设平台已在分公司多个较大 EPC 项目中得到广泛应用和推广。

二、各阶段贯穿材料控制体系，见证体系实际成效

（一）前期设计采购阶段，构建材控体系与编码体系

在前期设计采购阶段，分公司建立了项目材控体系和编码体系，明确了材控范围、编制了材控规定、确定了项目位号和编码要求，制定了供货商要求，并编制了设计裕量规定。同时，分公司还设置了用户账号和权限，确定各专业和单元，并设置了采购包和定版请购单。在项目执行过程中，设计人员按照材控要求上传设计成果，并完成材料版次对比等在线工作，所有材料请购都必须线上生成，以确保所有物资受控。此外，根据定商结果形成的合同订单，供货商需线上确认订单。

（二）施工阶段库存物资管理，实现精细化管控

在施工阶段，分公司实现了库存物资的精细化管控，通过材控系统和二维码技术，实现从物资发运到入库、领料出库的全程数字化管理。供应商按合同发

运物资，并通过材控系统扫码录入物流信息，项目组通过系统对比发运物资规格和数量，确保无错发漏发。线下到货后扫描二维码进行线上线下同步的材料入库管理，确保到货物资实时在材控系统内显示入库信息。基于设计数量、仓储数量及施工计划，线上申请和审批材料领用，确保物资材料根据施工进度有计划地发放。通过材控平台实现关键数据“一本账”平衡表，精准监控设计—采购—仓储—差额量。使用移动采集 App 实时采集施工数据，结合材控平台三维可视功能，解决传统数据采集问题，实现数据统一和实时管理。系统化处理工艺数据，实现施工试压“一键组包”，对焊缝及管线分解至试压包进行三维呈现，确保焊接完成即开展试压吹扫，解决生产安全隐患。

三、有效推进材料控制体系，助力项目成本实质性降低

通过材料控制体系的推进，分公司全面实现设计、采购、发货、施工领料审批发放线上运行，从以下几方面提升了在总承包项目中对物资仓储的精细化把控能力，使项目成本得到实质性控制。

（一）促使 EPC 项目各阶段工作深度融合，提升材料管理能力

通过物资编码的应用，从设计阶段为每个大宗元件（每项材料）赋予唯一的物资编码，让材料从设计，到采购，到施工具有一致性、可追溯性，有效推动了材料数据同源流转，畅通了数据传输渠道，从而可以实时掌握各专业设计进度、采购物资生产到货进度、物资领料发放进度，实现了设计、采购、施工各阶段工作的深度融合和资源高效配置。

（二）提高现场物资管理水平，实现数字化仓储

利用线上物资台账管理，推进数字化仓储的实施落地，实时掌握整体物资动态，实现材料平衡状态“一本账”，分专业和分单元的材料交叉比对结合现场到货物资的数字化管理，完成了清统料自动数据提取，极大提高了清料统料的效率和精准度。同时按照施工计划辅助项目开展材料配给管理，以保证项目材料数据的准确性和及时性，提高项目实施效率，最大限度地避免材料浪费。

（三）有效降低变更率、减少工时，提高工作效率

材料控制系统通过施工阶段的仓储精细化管理，对材料状态进行跟踪、检

查、对比，通过材料的统一协调最大限度地避免浪费，在现场施工协调、精准清料统料、材料库存管理方面成效显著。通过材料控制系统的运用，某项目较之前相似类型相同规模项目的变更率从 3.01% 降至 0.64%，有效节约了项目成本；通过焊缝实时数据采集，EPC 项目组可实时开展施工工效分析、施工过程与关键路径差异分析、缺陷分析等工作，使现场焊接工作与材料分配有机结合，提升焊缝时间约 10%；通过材料控制平台开展试压包管理，采用 3D 可视 + 错峰试压 + 试压包剩余工作精准突击，按项目估算，将现场试压时间减少约 45%。

案例启示

"精益求精，密益加密。"当前全球范围内通过信息化技术推动企业管理创新正成为真正的历史大潮。数字化在提升企业发展质量和效益中的价值更加显现，日益成为推动工程建设行业深刻变革的重要力量。总承包项目材料控制体系的建设加快了材料管理工作由粗放式管理向精细管理、精益管理迈进的步伐。

全面推进总承包项目物资材料的信息化应用，加强工程建设物资材料的精细化库存管理，基本达成了高起点、全流程、系统性、可视化和具可操作性的管理目标，下一步分公司将继续按照项目全生命周期成本的控制理念提升物资材料管理效率，以数字化转型、智能化发展为引领，利用先进的数字化和信息化技术，持续提升物资材料管理创效能力。

（案例权利人：彭磊　古剑飞　郭庆生　谢瑞平　刘洪兵　葛家祥
安忠玲　魏志强　舒欣　陈茂曦）

探索搭建信息平台 精准管控解决难题

西南分公司（以下简称分公司）通过运用数字化手段，探索出了一条降低EPC项目管理过程中“错漏余”的可行之路，解决了传统油气田地面工程建设中的老大难题，实现了项目设计、采购、施工、投运过程中物资的精准管控。与此同时，推动了管理过程中数据采集、存储和数据资产的形成，构建了基于数据分析的EPC过程管理，助推地面工程业务在数智化转型方面的高质量发展。在数智化平台的创新驱动下，整体项目执行绩效得到显著提升。

一、创新数字化管理，降低材料“错漏余”

在传统油气田地面建设过程中，设计冗余和频繁变更导致在物资采购过程中增加了多采的风险。由于剩余物资较多、物资到货与施工衔接度不高、资源计划匹配度欠佳、关键环节数据得不到充分有效利用等因素，导致数据采集验证过程中管理精细化程度较弱从而“错漏余”现象突出。因此找到一条降低材料“错漏余”现象的路子势在必行。

一是通过调查研究进行实践探索。分别从设计源头到过程再到结尾进行调查，通过对现有方式的调查分析，针对频率出现较高的问题，进行重点跟进，提出方法和工具。

二是建立以物资编码为核心的数字化平台。打通物资在设计、采购、仓储、施工、运行、维护全生命周期的数据链，实现物资全生命周期数据传递与完整性、准确性管理。利用智能PID高度集成设备、阀门工艺参数，提高设计效率和准确性；利用多专业模型碰撞检测模型，通过二维、三维校验，保证模型开料准确；以电缆设计软件导入设计坐标，实施电缆设计保证电缆长度准确；以审核进行的二次结构设计模型与料单保证结构材料可控。

三是建立过程限额、跟踪、预警、调整、平衡的创新管理手段，实现物资精准控制。编制限额工程量表，按照材料控制计划以及实际提交的设计数量进行设备材料数量的跟踪与预警。对接收各版次设计文件请购单变化量清单实时对比，自动生成增减量分析表和物料差异表，避免错漏问题的发生。以项目进度优先级和物资到场的匹配情况监督审批材料领用计划，严格审批和监督发放，避免误用与浪费。

通过施工过程信息采集和分析，确保材料正确使用，形成设计、采购、施工、手法、回收的闭环。以量化数据、3D 可视解指导物资材料、施工资源等按照投用顺序有针对性倾斜，从源头实现精准控制。以投产优先级为主线设置管线施工优先级，从“材料平衡状态”实时获取编码材料数据，实现物资信息设计—采购—仓储—施工—投运差额量的可视化精准监控。

二、搭建数智管控平台，形成有形化数据资产

分公司通过实践探索，搭建出一体化数智管控平台，形成了有形化的数据资产，构建了基于数据分析的 EPC 过程管理，助推了地面工程业务数字孪生体转型发展进程。

一是搭建了 EPC 项目管理和物资控制的数字一体化平台。在三维设计阶段解决了传统工程建设模式易出现的错、漏、碰、缺、余等问题，减少材料浪费。实现设计量、请购量、合同量、入库量、库存量等关键数据的“一本账”精准控制管理。较以往相比，整体材料的利用率提升 15.7% 以上。

二是通过及时透明的流转信息平台化管理，避免了传统项目中材料到货信息不清晰、大批物资漏采、多采等问题。彻底解决传统项目分批次下单中，采用人工核对料单的变化量，耗时费力，易出现统计错误影响整个项目采购周期、建设工期的难题。较以往相比，不准确的数据影响建设周期减低 35.5% 以上。

三是通过采集设计、采购、施工、投运各个环节的数据，根据模板定制生成各类精准数据，形成了有价值的数据资产。实现了设计、采购、施工、试运投产、工程验收等各阶段数据的采集和存储。解决了传统数据采集采用 Excel 人工汇总统计导致数据信息严重迟滞且错误率较高的问题。较以往相比，材料错误率

降低 63% 以上。

四是通过基于管线号的管道材料管理记录和实时更新的物资平衡状态，避免了错发、漏发现象，解决了以往项目中的滞留和丢失等问题。同时避免了材料错用、重复领料、大量余料等问题。较以往相比，余料占用比率下降 47.6% 以上。

五是通过构建基于数据分析的 EPC 过程管理，通过实时采集数据进行工效、资源匹配度、质量检测合格率等综合分析，利用数据分析结果及时进行调整和纠偏。较以往相比，工作效率提升 29% 以上。

六是通过整合三维模型与设计、采购、施工、试运投产、竣工验收各阶段的数据、文档，构建工程建设期数字 3D 可视孪生体，助力地面工程业务数字化转型发展。

案例启示

“玉经磨琢多成器，剑拔沉埋便倚天。”任何事不破不立，只有敢想敢为，善作善成。同样，任何传统的方法方式或是习以为常的工作模式，通过采取先进的技术手段，都能得到改善和优化，这也是创新的魅力所在。统一数字化平台的搭建，有助于实现设计、采购、施工、试运投产、工程验收等各阶段数据的标准化采集和存储，形成有价值的数据资产，助力项目高质量投产运维。以数字三维模型为底座，将工艺流程、运行参数、开车流程等进行 VR 仿真演示，并根据结果进行优化调整，有效提升施工投运管理水平。

分公司通过数字化探索实践，找到了一条降低 EPC 过程“错漏余”的价值创造之路。数字化转型解决传统油气田地面建设项目中的资源整合匹配度问题，通过数字化平台应用，有针对性地对项目执行和管理过程中存在的问题逐项分析，找准突破口。在施工投产运维阶段，对剩余物资配置的利用和衔接管控，不断加强精细化管理，通过数字化数据实时反馈优化资源匹配更有效地提升物资到货与施工作业衔接度，从而降低“错漏余”，提升项目整体效益。

（案例权利人：石长元　朱云　郭永强　魏志强　廖震宇　刘小龙　代龙平　赵鸿彬　唐木林　王聪）

高空作业稳准可靠 拓宽优化施工方案

2021 年，第一建设公司（以下简称一建公司）承建山东 K-COT 制丙烯和某干气综合利用制苯乙烯装置新建工程，两套装置钢结构工程安装总量约 ** 万吨。按照传统施工方案，通常就是搭设抱柱脚手架和满堂脚手架进行钢结构安装，该方案施工技术成熟，缺点是脚手架搭建、拆卸费时费力，成本投入高，而且占用大量施工空间，不利于土建、地管等相关专业交叉施工。如何确保工程按期完工，完成经济策划各项经济目标，成为摆在工程建设者面前一道难题。

一建公司广泛调研地方建设市场，发现该石化公司在建的工程项目，钢结构安装都不搭设脚手架，采用高空作业车进行安装，这种“不常规”的施工方式引起了一建公司的关注。经一建公司分析、研判，并邀请高空作业车厂家到现场进行交流，最终决定采用高空作业车和拉设生命绳相结合的施工方法，替代传统方式施工。该方案采用后，一方面节省了 28% 的施工成本，另一方面提高了安装施工效率，还提升了现场文明施工水平，为工程按期完工且保障经济策划目标如期实现奠定了基础。

一、高效利用高空作业车，确保施工安全与进度

高空作业车是 2 米以上，液压或电动驱动，可上下举升的施工车。按臂架的形状分类，有直臂式和曲臂式两种基本类型。直臂型自行移动，无须牵引或外接电源，控制灵活，便利高空作业。但承重大、高度受限、机动性弱，需特定场地，多用于垂直作业及狭小空间项目。

针对登高车的以上特点，项目部根据现场地形及施工情况进行了综合分析与精密设计，在实际施工过程中，做好现场高空作业车操作目视化管理，严禁无证

人员操作升降车，关注高空作业车的日常检查和定期维修保养，严禁充当货梯和吊车使用，严禁在高处作业工况下行走，重点关注交叉作业管理，高空作业车使用过程中与其他大型工程机械保持安全距离，在主干道上作业时，设置警戒区域和监护人。

最终采用扬长避短的方式合理规避了登高车可能存在的弊端。自 5 月 1 日开始安装，到 9 月 30 日对比分析为止，两套装置钢结构图纸施工量合计 2.89 万吨，采用登高车作业累计完成安装量 1.21 万吨，保证了整体施工进度，赢得了监理和业主单位的赞誉，圆满完成了任务。

二、符合降本增效预期，提升文明施工水平

参照项目前期经济策划，以 5 月 1 日至 9 月 30 日累计完成安装量 1.21 万吨为基准测算，登高车作业相较于传统抱柱脚手架人工费、材料费降本率 28%。

通过引用登高车实操作业，对比传统抱柱脚手架施工，除了在经济效益方面起到降低成本的成效外，在以下几个方面切实追求提质增效创造价值的目标，显著提高了工作效率和质量。

首先，作业人员数量及作业时间大幅降低。其次，高空作业车移动灵活，高空作业独立、快捷。钢结构安装过程不用受脚手架搭设的制约，提高了钢结构安装施工效率。再次，极大减少了钢结构施工与脚手架搭拆过程中产生的交叉作业，降低了交叉作业风险的同时也提高了施工效率。此外，还减少了脚手架材料的倒运和堆放环节，现场不用再设脚手架场地，减少了场地占用，改善了现场作业环境，提高了现场文明施工水平。

这次高空作业车降本增效的成功引用，是项目部成员共同努力的智慧结晶，也是一建公司“用敢于尝试去挖掘潜能，用责任心去创造效益”的管理实践。

党的二十大报告指出：“要坚持把发展经济的着力点放在实体经济上，推动传统行业高端化、智能化、绿色化发展。”一建公司始终牢记这一使命，积极推进企业供给侧结构性改革，从高空作业车入手，将“去产能、去库存、去杠杆，降成本，补短板”的三去一降一补政策落到实处，把创新挖潜作为一种责任，让降本增效成为一种习惯。下一步工作中，一建公司将进一步深挖降本增效方法，推进精细化管理，打造质量、效益双一流的施工强企。

案例启示

“穷则变，变则通，通则久。”创新是提质增效的驱动力，一建公司立足当下，从市场中寻求创新灵感，拓展优化施工方案，摒弃传统模式下搭拆脚手架进行钢结构安装施工，积极引进当前新兴的登高车作业方式进行钢结构安装，此举不仅在经济效益上为工程赢得效益，也切实彰显了安全是企业最大效益的经营理念。近年来，国内施工建设市场竞争激烈，企业成本攀升，企业效益下滑，除了积极拓展市场，“广开源”外，控制企业成本，“紧节流”成为新常态下企业增效创收的制胜法宝。控制成本，缩小开支就要打破常规，在市场中汲取新型的、高效的施工经验，用先进的施工工艺和管理模式改造陈旧、落后的施工组织形式，精练内功，提升企业的竞争力，从而把提质增效创造价值工作落到实处。

（案例权利人：刘鹏飞　唐杰　邢雪涛　董睿涵　霍继生　洪宾院　赫鑫　何军祥　郑勇　宋超）

打破传统大胆尝试　模块建设降本增效

第一建设公司（以下简称一建公司）本着以科技创造价值的原则，在某石化公司催化裂化装置的反应沉降器、再生器（以下简称两器）核心设备建造中，积极探索“六化”应用，首次在催化“两器”建造中引入模块化建设理念，“两器”模块化建设能大幅减少现场预制及组焊工作量，显著减少现场人力、机械等资源投入，缩短现场安装工期，且受施工现场场地条件的影响较小，有利于现场施工组织，对保证进度、安全、质量和降低成本十分有益，节约成本 ** 万元。

一、拓展模块化建设思路，采用软件进行建模分析

“两器”具有质量重、尺寸大、内部构件多、壳体焊接量大等特点。传统施工方法成本高、质量难保证、安全管控难、工期长。内件分属不同专利制造商，壳体制造商无内件安装经验。利用地处沿海、交通便利优势，基于运输、现场条件、制造周期和顺序限制，采用软件建模分析确定模块划分技术规则。模块化建造减少现场工作量，缩短了工期，提高了质量和效率。

二、制定模块化运输方案，采取最合适运输方式

根据路况条件，制定了海运、汽运、铁路运输、海运 + 汽运、海运 + 铁路运输、汽运 + 铁路运输模块运输方案，对各运输方案的可行性、经济成本、安全性等进行综合分析，经过排列组合优化确定采取最合适的运输方式。

一级二级旋风分离器、SVQS 系统模块等采用汽车运输的方式直接运抵施工现场，现场使用移动式起重机吊装卸车。沉降器外部提升管、沉降器筒体、再生器筒体等模块采用海运方式运至码头，再采用（自行式液压模块车）SPMT 轴线

车运抵安装现场，运抵现场后，利用SPMT轴线车的自卸功能进行卸车，现场利用履带式起重机将模块吊装到预先设置好的防倾覆基础上。

针对“两器”筒体模块运输，设计制作了运输加固工装。从运输和加固的形式、选材、承载力、失稳极限等方面进行深入研究，研究出一套变形及失稳极限校核方法，并根据失稳极限设计出一套安全、经济的“两器”模块运输和加固工装。

“两器”筒体模块运输采用鞍座支承，支承鞍座同时满足SPMT轴线车运输、海上船舶运输、SPMT轴线车自卸和施工现场摆放的需求。通过对不同状态下鞍座支座反力、筒体轴向弯矩的计算，对鞍座和筒体应力进行校核，并对鞍座与筒体间轴向摩擦力进行校核，确保支承鞍座的稳定可靠。

三、采用模块化安装方案，确保高效与安全

（1）外提升管模块安装：提升管反应器验收合格后，直接吊装至设备基础框架内。利用框架结构梁制作“井”字形加固，并对外提升管进行初步找正。待筒体模块就位后，将提升管提升与筒体模块对接。

（2）再生器、沉降器筒体模块安装：筒体模块验收合格后，卧置在支墩上，完成平台劳动保护安装后吊装至设备基础上，并利用垫铁找正找平。

（3）沉降器SVQS模块安装：SVQS快分系统验收合格后，吊装至沉降器附近。安装前确认分离室支架，待筒体模块安装完成后，整体吊入筒体内安装。

（4）沉降器、再生器封头模块安装：封头组件到货后，在“两器”基础附近设置临时支撑胎架，在地面完成安装，模块整体吊装就位。

（5）衬里施工：除补口外，所有衬里采用倒模、连续浇筑法施工。针对防雨需求，采用活动防雨棚进行快捷防雨，并进行防雨棚详细设计以确保安全性及衬里防护质量。

四、模块化施工实施效果，填补“两器”模块化建造空白

从经济效益来看，“两器”模块化施工技术与传统现场组焊施工技术相比，减少了脚手架的拆搭量，减少了高空作业，提高了工作效率，降低了施工成本。现场避免了大型预制胎具制作。避免了大型吊车的使用次数，机械使用费极大降

低。同时保证了工期，也减少不安全因素。采用催化装置“两器”模块化施工技术，在“两器”模块化施工中，相比传统“两器”现场组焊建造技术，模块化施工工期节约25%，安全风险降低30%，质量管控难度降低30%，施工现场占地节约90%，成本节约10%。从人工、机械、材料、运输等综合成本节约**万元。

从社会效益来看，催化装置“两器”模块化施工技术，在提高“两器”施工工程质量，保障施工安全，加快施工进度，节约施工成本等方面具有良好的综合效益。同时，能够提高工效，缩短工期，减少现场焊接作业、高空作业、受限空间作业等安全环保方面的风险。为大型催化“两器”模块化建设的安全性、可靠性、经济性提供了数据支撑，填补了国内催化裂化装置“两器”模块化建造的空白，推进了施工技术的新高度。

案例启示

“终日乾乾，与时偕行。”要打破传统施工方法，敢于大胆尝试，积极推广“六化”建设模式，将“六化”建设切实应用到实际，让提质增效活动深入现场施工，一建公司在催化裂化装置“两器”施工具有多年经验，此次模块化属于“两器”国内首次采用整体模块化施工，将大部分作业从施工环境恶劣的地区转移到施工环境较好的异地工厂化制造，减少了现场、高空及有限空间内施工的工作量，减少了高空作业及脚手架的搭设，极大地节约了工期、成本。企业要想实现降本增效和精细化管理，必须依托科技创新，打破传统束缚，勇于探索，大胆尝试，全面提升现场施工效率，为公司提质增效和市场竞争提供坚实支撑。

（案例权利人：刘清涛　袁昌　彭新凯　芦建伟　董利波　林涛　蒋文雅　王德涛）

构建"六化"施工　模式实现成果转化

中油（新疆）工程公司（以下简称新疆公司）在全面贯彻"六化"战略实施过程中，基于长输管道全自动焊、双金属复合管及双相钢管道自动焊等科技成果，首次提出工厂化预制的"工业 BIM+ 工艺管道预制 + 全自动焊接"施工模式，同时主要以"工厂化预制、规模化采购、模块化建设、信息化管理"为切入点，逐步形成"EPC+ 六化"精益管理新模式，整合发挥各方资源优势，实现质效双增。

一、健全机制提前策划，发挥信息化优势

（1）夯实"六化"理念，健全管理机制。深入分析 EPC 项目的总体建设需求，进行"工厂化预制"、模块化建造的专项策划，在 EPC 总承包工程中形成了"工厂化预制"产品管理的新思路，逐步探索并积累经验，形成完善的"工厂化预制"管理体系。

（2）剖析工程特点，制定预制目标。环境问题仍然是全球制约工程建设的最主要因素，特别是山区、海上、沙漠戈壁等地域，新疆地区面临的自然条件、资源分布、同步施工、施工资源投入等方面的制约尤为明显。为克服环境制约，近三年来，新疆公司在油气田地面工程实施过程中逐步摸索并建立了一套行之有效的"模块化建造管理技术"，其中最为核心的是"工厂化预制"，并确立了模块化装置 100% 工厂化预制的目标。在新疆两地气田增压及深冷提效工程项目中应用。

（3）建立"有进有出"优选机制，优化供应资源结构。对业务范围内的各类

供应商（设计、预制、供应、服务等）建立动态资源库管理，实行“优胜劣汰、动态优选机制”，有效激发了供应商的优质服务能力和可持续性发展。同时推行模块化设计过程 3/6/9 联合审查机制，整合第三方优质产品监造资源，对“工厂化预制”实施驻厂质量管理，确保过程全面受控、设计成果满足工程建设需求，逐步健全了“工厂化预制”、模块化建造的管理体系。

（4）借助信息化手段，加强项目过程管控。从预制策划开始，使用专业软件绘制管道施工三维 BIM 模型，结合施工经验开展预制三维策划，在三维模型中直接标注预制焊口、现场焊口等；采用物料管理系统，从材料入库开始粘贴物料二维码，实现物料厂家信息、炉批号、现场出入库状态动态查询；采用焊接管理系统实现焊接全过程管理，配合焊口二维码进行动态管控焊口数据，实现焊接管理信息化。在新疆呼图壁调整工程（二期）地面建设工程中成功应用。

（5）注重预制策划，预制安装精准控制。“BIM 三维预制策划 + 批量出单线图 + 精准管段图”提高了预制及施工下料精度，减少了施工人员识图及材料计算工作量；通过三维预制策划及精准管段图的深度结合应用，项目预制率达 80%，预制成功率 100%。在新疆呼图壁调整工程（二期）地面建设工程中成功应用。

（6）推广应用自动焊成果，确保预制效率。针对不同型号规格的材料和管径，分别采用小口径氩弧全自动焊接技术、无轨全自动焊接技术、气体保护全自动焊接技术、药芯自保焊全自动焊接技术和埋弧自动焊技术等；实行了焊材标识管理制度，制作焊接工艺指导卡及焊材标识卡，发放至项目所有焊工及技术人员，并在各焊接工位张贴，确保所有参与焊接及管理人员掌握焊接工艺。

二、创新模式，质效双增，实现技术新飞跃

新疆公司 EPC 项目管理公司自 2018 年以来承建的中大型油气处理站、变电站、道路等 25 个 EPC 项目，采用“EPC+ 六化”的综合型 EPC 管理新模式，实现了工厂预制与现场施工同步，现场施工工作量减少近 40%，施工工期缩短近 30%，一次焊接合格率 98% 以上、出厂合格率 100%，事故率近为 0，项目综合效益提高近 20%。克拉美丽气田增压及深冷提效工程被专家评为“最完美深冷工

程”；81 号天然气处理深冷提效工程，模块化成橇率为 85% 左右，创下“六个首次”；81 号联合站建设工程（二元、原稳、玛南）三合一 EPC 项目，全站工艺装置模块化率≥87%，实现主体工艺“当年开工、当年投产”，节约近 4 个月工期。

油建分公司承建的新疆呼图壁调整工程（二期）地面建设工程管径范围广、壁厚跨度大、工期要求紧，场站管道涉及 9 类 83 种材料，管径覆盖 DN50～DN800，材质包括常规碳钢、不锈钢、双相不锈钢等，折算成标准焊口共计 28000 余道。“工业 BIM+ 工艺管道预制 + 全自动焊接”施工模式在该工程的试点应用，预制场内工艺预制实现下料机坡口加工机械化，工艺预制流水化，管道焊接自动化，材料管理信息化。现场预制化超过 80%，全自动焊接无损检测一次合格率 98%。以 508 毫米管径为例，手工焊接需 8 小时，自动焊接仅 3 小时，焊缝外观均匀，力学性能更稳定。仅 20 名电焊工 90 天内完成焊接和拼装，节约人工成本 2～3 倍，刷新新疆油气田场站施工速度，标志着油田地面场站建设技术的一次重大飞跃。

紧密结合企业生产和发展实际，突出科技创新是第一核心战略，在新疆油田市场应用“EPC+ 六化”的综合型 EPC 管理新模式和场站管道全自动预制焊接技术，体现了其优质高效的特点，极大地巩固了市场优势，为拓展市场打下了坚实基础。

通过新疆呼图壁调整工程（二期）可以看出，自动焊效率远胜人工手工焊，且能够保证焊接质量及外观成型，施焊环境好，同时提高焊接精度和焊接质量，降低了焊工劳动强度。通过反复试验和科学对比，研制出一套适合场站工艺自动焊的组对工装，细化坡口精度的同时，找到最佳焊缝性能的坡口尺寸，极大提高焊接工效及焊接质量。

案例启示

“路虽远，行则将至；事虽难，做则必成。”新技术从诞生到成熟，必经破茧成蝶的剧痛，“六化”施工模式也经历了技术关键路线选择期的彷徨，频频报错一度无法使用的困境，集中出现规律性缺陷的“当头一棒”，以及工期矛盾异常突出相关方的质疑和干预。该模式能够成功，离不开各级领导的大力支持，离不开课题组成员的执着坚守，离不开工程参与者的无怨配合。因为大家都明白，技术创新就是企业的生存之道。

（案例权利人：张成杰　董立群　刘娅　凌勇　赵生华）

精准施策优化生产　变难为易挖潜增收

中油（新疆）工程公司（以下简称新疆公司）承建的天然气联络管道工程线路施工二标段线路总长 96 千米，设计压力 10 兆帕，采用 L485M 螺旋 / 直缝埋弧焊钢管，管道设计输气量为每年 50.8×10^8 立方米，项目合同额 ** 万元（含税）。沿线共设置多个线路截断监控阀室，包括河流中型穿越、山体定向钻穿越、鱼塘定向钻穿越、铁路穿越、高速公路穿越、国道省道穿越、山体顶管。针对本工程弯头多、浆砌石单价低等特点，通过冷代热设计变更和生态袋代替浆砌石设计变更，保证全自动连续施工，降低了施工成本，提高了施工效率，创造了较大的经济效益，取得了很好的效果。

一、精准施策，通过设计变更实现优化增效

天然气联络管道工程线路施工二标段热煨弯头、冷弯管投标工程量分别为 474 个和 556 个。在实际施工过程中，针对弯头供应不及时、延误施工进度，现场管沟坡陡、弯头需沟下焊、塌方风险高，且弯头使用增加连头费用等情况，为降低施工安全风险，保证施工段落不留头的连续性，项目部积极与设计单位和业主沟通，经过两次设计变更，采取用冷弯管代替热煨弯头，将 164 个弯头用 418 个冷弯管替代。此举不仅降低了施工难度，减少了沟下焊连头带来的塌方风险，保证了施工进度和连续性，更是实现了设计优化增效。

二、分析合同，通过引导设计挖潜增收

天然气联络管道工程线路施工二标段浆砌石投标工程，根据以往施工经验，预计甘肃的地形地貌导致浆砌石实际工程量偏小，在投标报价时优化报价策略，

将浆砌石确定投标单价。

实际施工图纸出来后，浆砌石截水墙为3104立方米、生态袋截水墙为4409立方米。如果按照图纸施工浆砌石截水墙，将面临单价太低，存在潜亏的情况。项目部提供当地政府、村镇文件和农民诉求，不允许农田弄浆砌石砌筑，引导设计取消浆砌石，改成其他类型的水保形式。后续项目部积极与设计沟通，将浆砌石截水墙改为生态袋截水墙，更改后无浆砌石截水墙，确定生态袋截水墙工程增量及投标单价。从而解决了成本和施工难题，并增加了项目收入。

三、锚定目标，提质增效取得显著成果

在陡坡地段，项目团队果断采用冷代热全自动连续施工技术，有效减少了连头作业，降低了沟下焊接可能引发的塌方风险和焊口质量问题。这一措施不仅降低了施工成本，还创造了 ** 万元的额外收入；同时，改用生态袋截水墙替代浆砌石方案，避免了因浆砌石单价低导致的亏损，并额外创收 ** 万元。这两项挖潜增效措施预计创收收入占比达到3.47%，在降低施工安全风险、确保工程质量的同时，为公司带来了显著的经济效益。

案例启示

“四两拨千斤。”自古以来，成就伟业者无不事先精心规划，胸有成竹。他们既能如行动者般深思熟虑，又能如思考者般果断行动。

在天然气联络管道工程线路施工二标段项目中，项目部从全新的管理模式出发，巧妙利用难点，挖掘潜力，增加收入。项目部精准定位效益点，科学合理地优化施工设计，实现了降本增效的目标。面对陡坡，项目部采取削方降坡措施，并采用冷代热技术确保全自动焊接的连续性；针对冲沟施工难点，采用“弯头+直管”的沟上预制法，提升了弯头口的焊接质量及施工效率；针对浆砌石投标单价低的问题，项目部主动与设计方沟通，减少浆砌石用量，增加生态袋的使用，从而减少亏损，增加收入。

项目特点的精准分析和策略的实施，以及难点挖掘增收，是本项目的显著特点。项目开工前，总包合同交底明确了投标策略和不平衡报价，确保了项目部人

员的思想统一。在项目实施阶段，决策层的高效组织确保了投标策略和不平衡报价的有效应用，提升了项目的质量和效益。只有确保从招投标、施工到竣工结算各阶段经营理念的统一性和连续性，才能确保项目高效完成经营目标。通过这种全方位、全过程的管理，项目部不仅保障了项目的顺利进行，也为公司创造了显著的经济效益。

（案例权利人：邓斌　张广忠　左关平　何小建　周小淦）

勤思考带来小改造　善利用取得大成效

中油（新疆）工程公司（以下简称新疆公司）承建的天然气管道工程项目施工某标段，线路长度 372.5 公里，壁厚分别为 18.4 毫米、22 毫米、26.4 毫米，材质 L555M/X80M。针对本工程中不等壁厚管材焊接坡口问题，新疆公司通过改进现有坡口机，采用现场加工内锥孔形式坡口，此举降低了施工成本，提高了施工效率，并减少了外界因素对焊接施工的影响，实现了预期效果。

一、革新现场坡口机，降低成本与运输费用

2020 年以前，针对不等壁厚焊接坡口，均采用在较大壁厚侧管端打磨斜坡形式进行组对焊接，这种焊口不能采用超声波（AUT）进行无损检测。2020 年，国家管网公司出台了 DEC 文件《油气管道工程线路焊接技术规定》，该文件要求在进行不等壁厚管材焊接时，需要对壁厚较大一侧的管口进行削薄处理，即将壁厚较大的管道管口加工成内锥孔形式的坡口，从而保证焊口两侧的壁厚一致。为实现焊口进行超声波（AUT）检测的目的，内锥孔平直段长度不小于 110 毫米。

针对不等壁厚管道内锥孔加工，由于现场不具备加工条件，以往工程均选择有大型车床的相关钢管厂进行加工，因具有加工能力的钢管厂较少，导致往返运输的时间长、运费高、加工费昂贵。若加工不及时，还可能导致机组留头转场，后期产生额外的连头费用。

项目部为降低钢管厂内锥孔坡口加工成本和运输费用，考虑改造现场坡口机。经研究、尝试和改进，设计出内锥孔坡口加工刀架，加长定位轮连接轴，实现在现场加工管道内锥孔。

二、现场加工内锥孔坡口，节省成本并保障施工进度

该标段根据各种单出图穿越、高后果区、站场阀室、热煨弯头位置所需变壁厚焊口 132 个。若委托外部加工，按照 1 根管运输费用 2000 元、一道口加工 3500 元，加工总费用为 72.6 万元；现场进行内锥孔加工刀架 2800 元 / 套，定位轮及连接轴 5000 元 / 套，加工一个坡口需要的人工、坡口机、油料等消耗，折算 1000 元 / 道口，则现场加工的总费用为 13.98 万元。

采用现场加工管道内锥孔形式坡口技术，可节约费用 58.62 万元，现场加工可随时进行，不误工不增连头费用，有力地保障了工程进度。

案例启示

“锲而不舍，金石可镂。”新疆公司在承建天然气管道工程某标段时，面对不等壁厚管道内锥孔加工的难题，没有选择传统的昂贵外部加工方案，而是创新性地对现场坡口机进行改造。通过增加内锥孔加工刀架和加长坡口机定位轮的连接轴，成功实现了现场加工，大幅降低了成本，提升了效率，减少了焊接施工的外界干扰，取得了显著成效。

这一案例告诉我们，在生产过程中，问题和挑战无处不在，但只要具备敏锐的洞察力和总结能力，就能找到解决问题的有效途径。问题不仅是挑战，更是创新的机遇。打破常规思维，即使是小的改进和创新，也能带来巨大的效益。这种不断探索和改进的精神，是推动企业持续发展和进步的关键。

（案例权利人：杨俊明　姜洋　郭雷　刘艳龙　张伟彬　苏振玉
王永亮　刘伟　李川）

大力拓展市场纵深 锐意开辟服务蓝海

中油（新疆）工程公司（以下简称新疆公司）牢固树立“巩固新疆油田主力军地位，积极拓展市场多元化”的理念，在 2021 年，新疆公司凭借敏锐的市场洞察力和扎实的技术实力，成功拿下温北油田温 7 区块油气产能建设项目全阶段设计合同。该项目作为国家推行油气体制改革后，民营企业获得的自营开发油气区块产能建设项目之一，也是新疆公司首次尝试与获得国内常规石油天然气区块采矿权的民营单位合作进行油气地面工程建设，优化了市场布局，更实现了在新市场领域的业务突破，为公司的持续发展和市场多元化战略奠定了坚实基础。

一、精准市场布局与定制化服务，助力合作共赢

（一）加强市场信息跟踪，完善有效信息管理

2020 年捕捉到项目信息后，新疆公司迅速组建了一支专业的市场开发团队，对项目细节和投资方背景进行了深入挖掘，并整理成详尽的市场分析报告，为公司领导的决策提供了有力支撑。在获得领导的市场开发指令后，团队积极与投资方取得联系，并邀请其到新疆公司进行实地调研。调研期间，凭借精美的推介材料、丰富的业绩展示和专业的设计经验，新疆公司赢得了投资方的青睐，经过一系列的沟通，成功签订了可研设计合同。

（二）深挖客户内在需求，定制设计方案 2.0

承接甲方可研任务后，新疆公司专门成立了设计经理部和专家团队，专注于项目进度和质量控制。鉴于民营单位与国企在性质和经营理念上的差异，设计团队耐心地与甲方进行沟通，细致收集意见，逐一分析并回应，最终制定出的可研

成果既符合行业标准，又精准对接甲方需求，一次性通过了审查，赢得了甲方的认可，为持续合作奠定了坚实基础。

（三）主动服务排忧解难，合作共赢拓展市场

基于可研阶段的良好合作，甲方进一步委托新疆公司进行初步设计、勘察测量和施工图设计。设计团队持续提供主动服务，邀请甲方参与现场踏勘，共同探讨设计优化方案。通过后续的设计回访，甲方深切感受到新疆公司解决问题的诚意和努力。这种积极主动的服务态度和卓越的服务质量，为甲方在产能开发中的滚动发展找到了可靠的合作伙伴，实现了合作共赢，拓展了市场空间。

二、首破阿克苏油气田市场，实现零到一飞跃

2020 年以前，新疆公司在新疆阿克苏地区的油气田勘察设计市场尚无业务足迹。依托温北油田温 7 区块油气产能建设项目的信息，公司积极开展市场开发，成功中标该项目可研阶段工作。凭借高质量的设计成果，新疆公司展现了其设计能力和服务水平，赢得了业主的信任和后续合作意向。项目进展顺利，业主方随后将初步设计和施工图阶段工作直接委托给新疆公司，签订了价值近 ** 万元的设计合同，实现了阿克苏地区油气田勘察设计市场的首次突破。

随着与业主方合作的深入，新疆公司进一步拓展了南疆油气田市场，构建了以塔里木油田为依托，辐射周边地区的市场网络，为公司在南疆市场的开发注入了强劲动力，并建立了长期的合作关系。

在新兴市场从零到一、由小到大的发展过程中，每一次的沟通、每一次的谈判都增强了市场开发团队个人和集体的市场开发能力，为新疆公司开拓市场蓝海奠定了坚实基础。

案例启示

“水之积也不厚，则其负大舟也无力。”市场如水，客户如舟，企业若不深耕市场，了解客户需求，便无法承载起长远发展的重担。从这一案例中，我们可以汲取以下启示：首先，企业应将搜集市场信息作为首要任务，全面掌握市场动态，挖掘潜在客户群体。其次，深入探究客户需求是关键。通过建立有效的沟通

机制，快速准确地把握客户需求，提供令其满意的设计方案。最后，主动服务与持续市场开发不可或缺。通过项目合作建立的良好关系，结合主动的现场服务和设计回访，不断提升客户满意度，从而促成长期稳定的合作关系。这些举措共同构筑了企业市场竞争力的坚实基础。

（案例权利人：李春生 黄小航 刘进 王强 王胜杰）

深入开展规模采购　全面助力提质增效

中油（新疆）工程公司（以下简称新疆公司）在驱联合站建设工程、51 号和 81 号原油处理站密闭改造及原油稳定工程、采出液处理系统地面建设工程（一期）三个项目建设中，鉴于三个项目同属一业主，且施工区域相同，进一步深化了降本增效措施，提高了采购效率。在采购策划的初期阶段，便开始合理整合项目物资，实施中合并同类标包，减少采购频次，最终形成规模化采购，获得了规模价格优势，既提升了采购效率又降低了采购成本。

一、以设计为源头，助力规模化采购

新疆公司在设计阶段经多轮图纸模型审查后，要求设计出具采购技术文件时对同类设备材料尽量减少种类、统一规格，以便物资采购形成批量规模优势，缩短同类物资重复采购周期，及时完成主要设备物资的采购工作，同时为生产厂家预留出宽松的生产时间，保障厂家保质保量地完成装置的生产任务。最终实现设计采购深入融合的工作方式，满足了工程工期对设备、材料的需求。

二、合理策划详尽方案，形成规模化采购

针对项目设备、材料种类繁多，且 EPC 总承包合同规定阀门、仪表等关键设备需保持品牌一致性的情况，新疆公司在策划阶段便为模块化、撬装设备与材料制定了详尽的采购方案。严格遵循采购制度，对三个项目中功能相同、类别一致的设备与产品实施统一采购招标，中标厂家在项目内部的产品价格执行统一采购定价。此外，统一采购不仅增加了同类物资的采购规模，形成了规模化采购优势，而且有效控制了设备材料的采购成本，对成本管理产生了积极影响。

三、统一规划分步实施，保障规模化采购

规模化采购中特别是材料类物资，可能在实施过程中发生变化。为避免造成不必要的经济损失，在规模化采购形成后，签订合同时材料数量为暂定数量，采购负责人根据工程进度及项目实际需求，分批次向供应商签发采购通知单，供应商根据项目签发的采购订单进行排产及供货，这样既可以缩短采购周期，同时也避免了材料浪费、减少库存及剩余物资情况的发生。

EPC 项目管理部利用三维立体设计确保材料精准开料，但仍需提前采购以满足工期。例如，阀门和管材在模型审查 90% 时启动采购，与厂家签订分批生产合同，确保工期。管材首批订货约占设计总量的 80%，后续根据设计调整补充订货，减少剩余物资，为工程项目整体费用节约起着至关重要的作用。

三个项目实施统一规模化采购，将采购标包数量减少约 50%，降低成本约 6%，显著提升了经济效益。

案例启示

“财有限，费用无穷，当量入为出。”如何在有限的预算内，合理控制成本支出，提高投资效益？新疆公司通过实施一系列措施，成功实现了成本的有效控制。其中，推行规模化采购是关键策略。这种采购模式不仅解决了频繁采购带来的成本高、效率低的问题，还在规模化采购的基础上促进了设备采购的一致性，确保了设计、采购、施工工作的高度融合。通过这种方式，新疆公司显著降低了采购成本，提高了采购效率，全面助力了公司提质增效工作的推进。

（案例权利人：何智鹏　陈宣成　贯德刚　谭旭　纪艳）

优化地基处理施工　有效降低工程成本

华北分公司（以下简称分公司）充分发挥EPC总承包管理优势，以设计为龙头，充分实现设计、采购、施工等各阶段的高效融合，通过“桌面推演”“晚间大学堂”“专业设计人员驻场”等方式，施工管理人员提前介入可研、初设方案的制定、修改和汇报，从施工的角度对设计方案进行纠偏，提出合理化建议，优化设计方案，从“工程源头”降低项目工程成本，提质增效见实效。

分公司作为巴彦项目总承包管理单位，从项目可研及初设、设计、采购、施工、质量、安全、费控、工期，到投产运行等全过程管控工作，其角色至关重要。在项目建设初期，分公司成立了巴彦油田前线指挥部，并遵循公司“提质增效、价值创造”的总体方针，组织全体员工参与头脑风暴，开展了一系列降本增效策划。重点讨论内容聚焦于联合站和转运站场内地基处理，旨在满足各项规范要求的同时，对地基处理振冲碎石桩的桩长和数量进行优化，以期在确保工程质量的前提下，实现成本的有效控制和工程效益的最大化。

一、编制液化区域分布图，优化地基处理桩数

巴彦油田前线指挥部组织设计、采购、施工、控制等部门开展专题会，充分查阅和研究地勘报告，对各区域不同土层液化程度进行判断、对比和分析，编制液化区域分布图。根据《石油化工建（构）筑物抗震设防分类标准》《石油化工构筑物抗震设计规范》《建筑工程抗震设防分类标准》《钢制储罐地基处理技术规范》《建筑地基处理技术规范》等相关设计规范要求，优化建构筑物总图布置和地基处理振冲碎石桩数量。

二、反复分析和论证，优化地基处理桩长

2022 年 4 月，联合站、转运站振冲碎石桩施工过程中，巴彦油田前线指挥部施工部将已完地基处理桩基标贯、动力触探检测结果反馈设计部，设计部对检测数据进行分析和论证，判定桩间土和桩体密实度、处理完后液化等级远高于规范和设计要求。通过设计部、施工部、控制部反复查阅地勘报告地层分布图后，分区域对辅助生产区、油水区、装卸车区、气区地基处理桩长进行优化，对联合站振冲碎石桩平均桩长和转运站振冲碎石桩平均桩长进行优化。

通过对联合站、转运站振冲碎石桩地基处理的桩数和桩长进行优化，节约工期 29 天，节约成本 ** 万元。

案例启示

“三个臭皮匠顶个诸葛亮。”这句话强调了团队合作的重要性。在项目建设中，各个环节的参与者，包括设计、采购、施工，都必须紧密合作，共同发挥各自的专业才能。通过头脑风暴和集思广益，可以凝聚智慧，产生最优的解决方案。

在项目初期，各环节的参与者应进行深入的交流和探讨，以便提前发现问题并优化设计。这种跨部门的合作可以弥补设计方案在施工合理性方面的不足，确保施工方式与设计意图相符。通过这种方式，项目团队可以提升整体的管理能力，确保项目的顺利进行和最终的成功交付。

这个案例启示我们，团队合作是项目成功的关键。通过充分利用各方的专业知识和经验，可以克服单一视角的局限性，实现资源的最大化利用，提高项目的整体质量和效率。

（案例权利人：王建　李宏伟　曲虎　赵向苗　冯会江　杨威　于勇祥　王卫超　马路飞　汪桐安）

铸牢市场管理提升　创新驱动开拓双赢

华北分公司（以下简称分公司）始终坚持在项目执行过程中将项目管理与市场开发深度融合，紧紧抓住项目执行和市场开发两条主线，坚持目标导向机制，积极推进创新驱动、精益服务，实现管理提升和市场。在项目建设中，EPC 项目部充分发挥 EPC 管理优势、坚持创新驱动、因地制宜，通过优质的管理获得了业主方高度赞赏。

一、提出双重管理目标，构建“四位一体”命运共同体

2021 年，河北地区的冬天异常寒冷，供暖期相较往年显著延长，这对当地居民的生活保障和能源供应提出了前所未有的挑战。在这一严峻时期，当地正在推进 27 座站场的无人值守升级改造工程，保障供能的任务变得异常艰巨，这不仅是一项紧迫的建设任务，更是一项重大的政治任务。作为该项目的 EPC 总承包单位，分公司明确提出“高效推进保供民生、优质服务深耕市场”的双重管理目标。分公司全体员工立下誓言，务必在供暖期到来之前完成所有站场的动火作业和工艺改造工作，确保将分公司的 EPC 管理优势充分发挥并成功融入项目实施中，为公司在市场的持续开拓和稳固发展奠定坚实的基础。

无人值守建设项目涵盖了 27 座正在运营的站场，项目面临的最紧迫任务是确保所有站场的工艺升级改造在 2021 年 10 月底之前完成。鉴于在役站场的环境复杂多样、站场分布广泛、采购与施工周期紧张等挑战，无人值守 EPC 项目部承担起了牵头责任，组织业主单位、监理团队及施工分包商共同围绕统一的工期目标和安全目标进行紧密合作。项目团队构建了一个“四位一体”的命运共同

体，旨在将业主、监理、EPC 项目部以及施工分包商紧密融合成一个高效的管理网络。在这个网络中，各方的责任被明确划分，信息沟通渠道保持畅通无阻，确保了项目的高效协调与顺利推进。

EPC 项目部综合考虑各站场存在工艺布局、下游用户情况复杂等特点，牵头监理项目部及施工分包开展群策群力，制定每个站场工程实施计划、安全和质量监督机制、问题沟通协调机制，建立问题和处理措施责任清单，形成定期巡检、定期汇报、定期分析、定期评比的科学管理模式。

在项目实施过程中，EPC 项目部全面履行了运行协调和过程监督的职责，确保了项目各项活动的有序进行。各站场的属地业主也积极行动起来，充分发挥了在站场运营细节协调和施工环境优化方面的作用，为工程的顺利推进提供了有力支持。监理项目部则扮演了关键的第三方角色，严格履行安全监护和质量监督的职能，确保了工程质量和施工安全。施工分包商则一丝不苟地执行各级工作目标，对各项施工措施进行层层细化，确保了施工过程的精准管理。

在这种多方协作的模式下，围绕共同的项目目标，形成了一个既有集体协作又有明确责任分工的项目建设大环境。项目的“四位一体”命运共同体优势得到了显著体现，各方齐心协力，共同推动了项目的进展。无论是白昼还是夜晚，甚至连续数日的紧张施工，所有参与方都始终坚持“安全高效动火施工”的原则，稳步推进各站场的工艺升级改造工作。

二、着重开展全要素分析，打开建设新局面

未雨绸缪，超前工作。项目管理、事前控制，在每个环节着重开展“人机料法环”的全要素分析。无人值守项目建设过程中，EPC 项目部深刻剖析了项目涉及的动火施工和电仪改造这两大重点工作的本质特点，开创性地开展了模拟施工和实操交底活动，有效把握住了施工管理的源头。

2021 年 3 月，EPC 项目部从“人机料法环”等角度全方位制定带压动火的标准流程，制定了标准施工流程表单和检查制度，精心策划并组织了带压开孔实操样板交底，项目团队提升了知识储备、打开了建设新局面。

2021 年 8 月，EPC 项目部本着标准施工、样板先行、岗前测评、技能比武

的管理思路，组织开展了电工技能大比武暨电仪施工样板化交底活动。19 名电工参加活动，从接地扁铁制作、仪表端子排接线、变送器导压管制作等方面进行了比武和样板化交底。提升了项目电仪标准化施工水平，各站场施工质量显著提升，业主好评如潮，增强了 EPC 管理方式的认同感。

三、形成科学高效管理方案，主动提供咨询服务

为进一步适应和拓宽后续建设市场，更好地为业主提供优质的 EPC 总承包服务，分公司针对天然气管道、站场建设开展了有针对性的技术和管理总结提升，编制了《中小型管道 EPC 总承包建设管理方案》。该方案旨在研究管道建设的本质规律和特点，坚持以“项目管理团队优化、项目建设提质增效、项目合作互利共赢”等作为目标导向，通过深入研究管道项目人员投入、进度管控、费用管理等关键要素，形成了科学高效的管理方案。分公司就该方案与业主方进行了多次交流汇报，及时为业主在天然气管道和站场工程建设等方面提供咨询服务，促进双方互相理解和认同，提升了品牌感染力，为市场开拓奠定了良好基础。

通过深入践行“总承包项目市场开发桥头堡”的管理理念，分公司在项目管理过程中坚持“项目管理 + 市场开拓”双目标导向，以创新渠道、精益管理、主动服务、靠前开拓等管理方式实现优质服务，提升品牌感染力，同时提升自身市场竞争实力与该地区的市场占有率。

案例启示

“日新谓之盛德。”这一古训启示我们，持续的创新是美德的高度体现。在市场开发的征途中，总承包项目的卓越执行已成为一把锋利的剑，而优质与高效的管理则成为推动市场开拓的不竭动力。依赖价格优势的传统市场开发策略已日渐式微，不再全面适用。在我国确立高质量发展的主旋律下，各行各业正步入“以质取胜、以智取胜”的崭新局面。尤其是工程建设行业，作为支撑国民经济的脊梁，正经历着管理方式和建设模式的深刻转型。

工程建设企业需紧跟时代潮流，通过励精图治的管理、卓越的服务和积极的

开拓精神，不断拓宽市场边界，以质量和智慧的双重优势，在市场竞争中稳步前行，开创更加广阔的发展前景。

（案例权利人：寿新龙 郭志 李树松）

锚定采购关键环节　提升项目管理效能

土库曼斯坦分公司（以下简称分公司）在当地某合同区域 B 区西部气田地面工程 EPCC 项目投标及执行过程中，抓住关键环节，通过深入市场寻源、采购介入设计、周密策划采购策略、全员全过程催交、开拓多元运输通道等举措，保证项目按期投产的同时，采购成本节约 10%。

一、深入市场寻源，规避投标风险

在项目的市场寻源阶段，分公司发现并解决了初设问题，将原定的直径 508 毫米 ×6.3 毫米直缝焊管规格升级为直径 508 毫米 ×7.1 毫米螺旋焊管。这一变更不仅避免了投标亏损，还在质量上增加了 585 吨，为项目节约了约 ** 万元的采购费用。在 2021 年 1 月 15 日项目启动详细设计时，分公司结合实际情况，再次建议将直径 508 毫米 ×6.3 毫米直缝焊管改为直径 508 毫米 ×7.1 毫米螺旋焊管，并得到了设计院和业主的批准。这一举措不仅直接节约了采购费用，也为实现项目工期目标奠定了基础。

此外，分公司通过充分的技术交流，了解了设计需求，并将闪蒸气压缩机由“活塞往复式”变更为“隔膜往复式”。这一变更提高了安全和环保标准，并避免了投标风险。分公司按照隔膜往复式压缩机进行重新组织投标报价，虽然其价格是活塞往复式压缩机的两倍多，但这一变更避免了投标风险，并提高了项目的安全性和环保性。

分公司通过市场寻源、技术交流和采购策略的调整，不仅节约了采购成本，提高了采购效率，还为项目的顺利实施和工期目标的实现提供了有力保障。

二、介入设计优化，降低采购费用

采购介入详细设计，三相分离器实现科学“瘦身”。项目三相分离器作为项目初设阶段最重设备，尺寸质量为 DN2400 毫米 ×15000 毫米，122 吨，只能全程汽运，运输难度极大。为破解运输难题，分公司打破以往三相分离器“一步”设计完成的做法，采取“两步”设计法——先由分离器内件厂家进行详细设计，再由设计院根据内件尺寸设计设备壳体优化为 2000 毫米 ×10000 毫米，质量降到 61 吨。这不仅降低了三相分离器的运输难题，同时节约设备采购费约 ** 万元。

三、周密策划采购策略，提高采购效率

公司招标委员会批准启动关键设备及材料准备工作，提前准备多数采购订单，为项目争取了 3 个月时间，避免了钢材价格上涨对 2 万多吨钢管和 54 台非标设备采购成本的影响。推行框架采购，协调设计人员预估材料规格和数量，对大宗材料实行“带量框架”采购，提高效率。提前与业主沟通，对特殊要求物资取得“单一来源”采购支持，确保采购合规性。

四、全员全过程催交，确保节点目标

全过程催交，确保关键物资按期交货。以 3 台 42 英寸电动球阀为例，这些阀门是项目第一个关键节点，于 4 月中旬下订单，现场需求时间为 8 月 30 日。为了确保按时交货，分公司在订单授标后立即召开开工会，从图纸报批、原材料采购、生产过程到装箱等环节进行全链条沟通。在阀门制造期间，分公司定期派人到工厂进行催交，并与工厂及时沟通，解决可能影响生产的问题。此外，分公司还成立了“催交专班”，打破了北京办公人员专业岗位界限，对订单和片区进行划分，并派人驻厂催交，每天联系落实各订单的生产情况，调动一切力量解决新型冠状病毒感染疫区物资无法发运的难题，确保了供应商在具备复产条件下能够第一时间生产、检验和交货。

五、开拓多元运输通道，突破运输瓶颈

面对新冠肺炎疫情的影响，国际海运航次减少，大量物资涌向铁路，导致

中亚班列数量减少，口岸拥堵严重。分公司采取了多种措施以突破运输瓶颈，显著提高了物资发运效率。首先，分公司增加了集装箱专列的发运量，加快了大宗材料的运输速度。在原有铁路集装箱运输框架协议的基础上，分公司与集装箱班列平台公司协商，锁定舱位，通过增加集装箱专列的方式加快了发运速度。2022 年第一季度，分公司共计发运了 165 个集装箱，占项目所需大宗材料总量的 82%。其次，分公司采用了“铁路敞车 + 集装箱 + 海铁”联运的方式，解决了钢管的运输问题。对于项目所需的 2 万吨钢管，分公司在 10 多个铁路站点同时申请敞车计划，并开辟了从天津周边港口海运到转运港至土库曼斯坦的海铁联运线路，确保了 2022 年 4 月 18 日之前全部钢管的发运。最后，分公司协调物流服务商在霍尔果斯口岸自备平板车和挂车，加快了超限设备的出境速度，确保了 2022 年 1 月 8 日至 28 日期间 25 车超限设备的顺利出境。

案例启示

“慎而思之，勤而行之。”在国际 EPC 工程项目管理中，面对复杂的国际环境、多变的供应链和产业链，承包商抓住采购关键环节，周密策划、科学组织、精细管理项目前期，围绕市场资源动态，积极参与项目详细设计，匹配项目技术要求和成本预算，确定合适的产品选型和价格定位。

在项目执行中，要策划好各项采购方案及风险防范预案，加强与设计、供应商和业主的沟通，协调针对市场和项目变化，在合规的基础上，打破常规、快速响应、群策群力、勇于创新，全面提升采购管理效能，为优质高效地实现项目投产目标提供基础保障。

（案例权利人：周帅平　杨前进　王立红　郑大宝　张铁东　张仁俊）

突破海岛项目难题　岛外预制降本高效

海湾地区公司（以下简称海湾公司）第一次承接系统外阿布扎比西北海域海岛项目，岛上依托条件极差，所有施工设备、材料和生活物资均需要从岛外通过海运运送上岛。项目管理界面复杂、施工组织难度较大、财务经营风险较高，面对如此复杂的局面，如何在确保工程质量、安全生产、按期交付的条件下，有效地降低施工成本，是摆在项目部面前的一道难题。项目部通过对比分析岛上资源和岛外资源，优化采购方案，采用混凝土岛外工厂化预制采购，成功实现了施工主材采购成本的有效压降。

一、采用岛外工厂化预制采购，实现施工主材采购成本有效压降

根据海湾公司与总包商的分包合同界面划分，海湾公司负责本项目的土建安装施工。项目混凝土工程量约为 ** 立方米，岛上的混凝土供应存在垄断现象，供应商提供的价格远高于岛外正常市场价格，且混凝土供应数量和工期无法得到可靠保障。

面对高成本和供应商的不确定性，项目部进行了深入的方案对比分析，最终决定采取岛外深度工厂化预制混凝土的方案。这一方案不仅降低了成本，还提高了供应的稳定性和质量控制。根据总包商提供的图纸，项目部确定了岛外预制 ** 立方米的规模，占整个混凝土工程量的 22.22%。

二、反复研究方案优势，解决混凝土供应数量和工期保障问题

在项目的混凝土供应问题上，总包商和业主对岛上的特殊情况表示了极大的

关注。海湾公司贝尔巴泽姆项目部与总包商和业主进行了多次会议讨论，以研究各种潜在的可行方案。最终，基于岛外深度工厂化预制混凝土方案的优势，总包商提出了两点顾虑：一是预制件的海运问题，二是岛上现浇混凝土的保障问题。

针对这些顾虑，贝尔巴泽姆项目部详细阐述了本方案的经济和工期效益。从经济效益上看，如果不在岛外预制，需要额外动迁约 80 人左右队伍，这将产生 ** 万元费用。而通过海运岛外预制 ** 立方米混凝土到岛上，预计可以节省 ** 万元。

从工期效益上看，由于岛外预制和现场的基坑开挖是同时进行，工期效益非常明显。此外，岛外预制在工厂化生产环境下进行，减少了现场管理和干扰，提高了工作效率。

为了解决岛上现浇混凝土的保障问题，贝尔巴泽姆项目部将巴布项目购买的 1 台混凝土泵车和 2 台罐车动迁到岛上，一次性解决了混凝土的现场供应问题。

由于贝尔巴泽姆项目团队做了充分的调研准备工作，用扎实可靠的数据和论据就本方案进行了论证和阐述，最终赢得了总包商的理解和支持，并表示愿意提供海运支持。

本方案对海湾公司自身的经济效益更为显著。首先是成本工期效益明显，通过岛外工厂化预制采购 ** 立方米混凝土，每立方米节省成本约 ** 元，整个混凝土采购可以节约成本 ** 万元；工期方面的影响如上所述，同样显著。其次是降低现场施工风险，由于超过 20% 的混凝土在岛外预制，大幅降低了供应商的经营预期，对供应商形成了一定的压力，在实际执行工程中，供应商对本项目采取了较为积极的合作态度，也与这一策略有较大关系。另外，工厂化预制大幅降低了现场的施工管理，对项目部集中精力做好现场管理创造了有利条件。

案例启示

“二人同心，其利断金。”贝尔巴泽姆项目部始终坚持不畏惧艰难险阻，审时度势，抓住每一个节约成本的机会。项目部的成功经验告诉我们，面对高昂采购成本的项目，优化采购方案是一种有效的解决手段。通过对比岛内外价格差异，选择基础岛外预制，可以降低采购成本，减少预付款资金支出。此外，合理利用现有资源和技术手段是实现提质增效的关键。贝尔巴泽姆项目在资源匮乏和物资垄断的环境中选择了岛外工厂化预制，充分利用岛外供应商的先进技术，不仅实现了成本节约，同时利用工厂化、模块化预制优势，提高了工作效率，也保证了工程进度。这一经验为公司今后执行同类海上项目提供了有益的借鉴意义。

这一案例启示我们，提质增效永远在路上，需要付出行动和努力，才能收获成效。成本压降需要的是责任心和担当，只有将成本控制当作是与自己息息相关的事，才会激发内在动力，自己才会重视，才会想办法，而不是故步自封，一味地按照采购方案和项目执行策略去照搬照做。只有善于思考，守正创新，才会在不断进取中得到意想不到的结果，收获意外之美。

（案例权利人：朱健　李勇　杨晓轩　叶定忠　阚光辉）

CHAPTER 3

第三篇

坚持精雕细刻　优化运营水平　增强管理价值

合同评审风险管控　提质增效成果显著

在国际工程承包工作中，由于合同内容的复杂性、工程的长期性和风险的多样性等特征，公司要求在投标报价阶段和合同签订前必须进行认真的合同评审。在合同评审方面，要求从合同商务条款的合规性、完备性、责任权利关系、条款的衔接性等几个方面进行分析，识别评审招标文件中存在的风险，形成从风险、澄清、偏离三个方面细化审查招标文件和合同文本的表单，对重要需关注条款提出建议、理由或依据，对风险进行识别、分析、处置，在投标报价、合同评审、项目执行等各个阶段持续予以关注，实现合同全生命周期的风险管控。

一、注重国际工程承包合同风险管理，维护自身合法利益

在公司承揽的国际工程承包合同中，业主方往往会利用合同文本的拟定权，纳入大量保护自身利益的条款，同时将风险不合理地转嫁给承包商，这往往忽视甚至否认承包商的合法权益。因此，合同评审在这一过程中扮演着至关重要的角色。

一方面，投标人 / 承包商通过合同评审，做好风险的事前识别、分析和有效处置，及时准确地分析、判断潜在风险，规避或降低合同的风险隐患，提升项目整体效益，保障对外签署合同的严肃性，从而有效维护公司的合法利益。另一方面，根据风险特点和各自的比较优势，在业主和承包商之间合情合理地分配项目风险，使业主承担必要的风险，相对减轻承包商的风险责任，尤其不合理、严苛的风险条款，可以有效降低承包商的项目执行难度、成本费用和工期风险等，从而保障项目顺利执行，最终实现业主与承包商的双赢。

就国际工程承包合同或招标文件而言，合同条款评审的内容，一是常规性审核，二是风险识别，并提出解决方案。评审通常需要重点关注的内容包括业主资信及付款能力、项目资金可行性、合同支付、税费、保函等方面。

二、注重合同评审与风险管控，确保资金支付与责任明确

在国际工程承包合同或招标文件中，承包商通常承担较大的风险，因此，在审核合同时，需要从通用条款、专用条款、附件等各个方面，凡是涉及商务的相关条款，都要逐一审核，不遗漏任何潜在的风险。

（一）审核业主资信，确保具备付款义务能力

承包商与业主签订工程建设合同后，业主最关注的是承包商能否按时保质保量地交付拟建项目，承包商最关注的是业主能否按时支付工程款。

因此，从根本上讲，业主的资信情况与付款能力成为承包商面临的最大风险，必须引起承包商的高度关注，注意评估业主的付款能力：对于现汇付款项目（即由业主自筹资金加上其银行贷款），应当重点审核业主资金的来源是否可靠，自筹资金和贷款比例是多少，贷款种类是政府贷款、国际金融机构（如世界银行、亚洲开发银行）贷款还是商业银行贷款等。对于延期付款项目（即大部分付款是在项目建成后支付，需要承包商解决项目执行期间所需资金），应当重点审核业主的资信实力，对延期付款提供保证的方式和类型，是否有所在国政府的主权担保、商业银行保函、银行备用信用证或者银行远期信用证等，并注意审核这些文件草案的具体条款。

（二）评估项目资金可行性，确保资金流动不受影响

在评估项目资金的可行性时，承包商需关注项目所在国的汇兑管制和困难，以及宏观经济状况可能导致的通货膨胀或紧缩风险。对于非美元的合同收款，承包商应争取使用可自由兑换的货币，当地币收款是否有量的控制。若未及时兑换，承包商应承担汇兑损失，因此业主需保证承包商收款当日可以兑换回应付金额的款项。此外，如业主延期付款，承包商应考虑延期付款利息等相关财务费用。

（三）审核合同支付条款，确保单据完整性和时间准确性

在合同货币和支付条款的审核中，承包商需考虑特定合同货币的汇率波动风险，并与业主协商分担办法，如设定调价公式或锁定等价硬货币的条款。此外，合同价款的支付应合理，通常包括预付款不低于 10%，质保金（尾款）为 5% 或不高于 10%，以及里程碑付款的分期划分、比例和支付时间，以确保工程建设用款的充足。同时，承包商还需核实合同价款及分项金额的正确性，以及支付方式、分段支付的合理性和合规性。

（四）审核税收条款，确保税收责任明确和合理分配

在税收条款的审核中，承包商应明确自身需承担的税收种类，包括增值税、关税、个税和所得税等，以及免税项目的细节，应明确是否涵盖承包商及其分包商。若免税无法实现，承包商应有权从业主那里获得等额补偿。此外，合同执行过程中如出现税收、法律或法规等的变化，应明确责任的归属或补偿。

（五）审核保函条款，保障承包商和业主利益

在保函条款的审核中，承包商需关注是否存在强加的、不合理的保函要求，以及这些要求是否与公司受益人保函管理相冲突。通常，承包商需要出具三种银行保函——预付款保函、履约保函和质保期保函。预付款保函应在承包商收到全部预付款时生效，并规定担保金额递减条款；履约保函的生效应以承包商收到全额预付款为前提，担保金额不应超过合同价款的一定比例，且失效期应争取在完工前；质保期保函的生效应以尾款支付为前提，金额不应超过工程尾款的 5% 或 10%，且失效期不应迟于最终接收证书签发之日。

三、注重关键条款调整，确保提质增效稳步推进

通过强化合同评审和风险管控，公司在提质增效方面取得显著成果。

（一）调整标书有效期，保留价格调整权利

特别是在标书有效期的调整方面，公司保留了在特定条件下延长投标有效期并进行价格调整的权利，以应对可能发生的汇率变动风险和价格变动风险。具体条款修改为：公司保留将投标有效期再延长 30 个日历日加 30 个日历日的权利。如果业主要求延长 30 个日历日的投标有效期，直至在初始投标有效期之外

再延长 60 个日历日，投标人可以更新其投标价格，注明价格调整。如果投标人在其投标文件包中没有规定价格调整，则投标价格在延长的 60 天内固定且不进行调整。

（二）调整支付条款，减轻资金压力和汇率风险

根据项目工作进度表，在交付所有详细的工程图纸和文件后支付 5%。

由于要求提交所有的详设图纸和文件，在整个设计期间不能收到任何款项，影响现金流，同时不利于汇率风险控制，需细化里程碑。因此，建议在现场交付关键项目后支付 22%。关键设备周期长、金额大，供货方经常要求预付款和进度付款，如设备均为货到现场付款，承包商资金压力太大，汇率风险也加大。

（三）调整业主付款条款，明确支付条件

在条款中："如公司对总包工程包提出付款请求，其证明文件包括各分包商的书面确认，即分包商已收到其各自分包合同项下应付给其的所有款项（公司在适用的付款请求中索赔的款项除外）。"然而，如果分包商未达到支付条件，承包商未支付，公司将不能从业主得到付款。承包商与分包商达成的付款方式不能影响业主与承包商的付款方式。建议删除条款，业主接受了修改。

（四）调整工程延期罚款，确保合理性和限制性

如果未能在完工日期前完成工作，承包商应按照第Ⅳ条（合同付款）的规定支付违约金；如果承包商未能履行合同规定的相关义务，则承包商可能承担的所有违约赔偿金应视为对业主可能遭受的损失的真实预估，而非罚款。

多节点计算延迟罚款，存在重复罚款。取消延迟完工过程罚款，将延迟完工计算时间确定为出具临时接收证书之日计算，此前进度延误如果在后期进行了弥补，就不应再进行罚款；此外，需明确每天 / 每周的罚款比例，且违约赔偿金的累计最高责任限额为工程合同价格的 5%。

（五）调整税法变更合同价格，商谈调整合同价格

如因本合同生效日期后颁布的适用于承包商的任何新税法，或他国税法的变更，导致承包商的成本增加或减少，则业主和承包商应本着诚信和公平公正原则，商谈调整合同价格。从截标日到合同签署有时长达半年以上，期间税法发生

变更应考虑。建议将本合同生效日期修改为招标截止日期。

案例启示

“居安思危，思则有备，有备无患。”财务管理作为企业生存发展的核心业务，对企业的发展方向和决策起着决定性作用。公司财务部秉承“评审创造价值”的理念，“以一域之光、为全局添彩”，严格把控合同审核的关键环节，如评审、谈判、履行和变更等，确保合同的合规性和经济效益。

在合同谈判过程中，财务部坚持原则，紧抓最大合同责任、罚款等重大条款及延期付款等风险，不放松、不让步。通过灵活的谈判策略，与业主达成一致，守住项目经济效益和运行风险的底线，推动公司高质量发展。

这一案例告诉我们，财务管理不仅需要专业能力和严谨态度，还需要创新思维和灵活策略。只有这样，才能在复杂多变的市场环境中，为公司的发展保驾护航，加快建设基业长青的世界一流国际能源工程公司，守住“财务防线”。

（案例权利人：杨琳　王峰　李昌）

融合国际管理体系　合规管理展现成效

为建设基业长青的世界一流国际能源工程公司，依法合规经营是底线。面临日益严苛的立法监管和市场竞争，合规已成为社会和政府对企业的普遍要求。合同法务处以合规管理为抓手，对标国际管理体系，制定及修改公司制度文件，落实考核制度，向合规管理要效益。

一、深化合规管理制度建设，不断提升制度适用性和有效性

公司遵循集团公司合规管理建设要求，建立并完善了招投标管理、采购管理、合同管理、资金管理、财务管理、礼品管理等多个方面的合规与反贿赂管理工作，初步形成公司内部的合规管理制度体系，各项经营管理业务均按照内部规章制度要求开展。然而，面对日益激烈的市场竞争和不断变化的外部环境，公司深刻认识到，仅仅维持现状是远远不够的。特别是随着 ISO 37301：2021《合规管理体系要求及使用指南》以及 GB/T 35770—2022《合规管理体系要求及使用指南》相继发布的大背景下，合规管理已经迈入了体系化、标准化的新阶段。同时，国有资产监督管理委员会同期召开“合规管理强化年”工作部署会，全面推进了合规与反贿赂管理工作，使得加强合规管理成为公司发展的当务之急。

面对压力与挑战，公司视其为转型升级的机遇，致力于全面实施集团公司的合规管理要求。结合公司当前的合规管理现状，以构建完善的合规管理体系为核心，搭建起健全的合规管理组织架构，优化制度体系，确立有效的运行机制，并对合规管理活动进行严格检查。重新梳理了法律法规、合规义务和合规风险清单库，以准确把握风险状况，为风险防范和解决提供有力支持，从而助力公司的高质量发展。

二、党委引领合规管理全面升级，形成全方位合规管理体系

在推进合规管理过程中，公司党委起到了模范带头作用。党委发挥统一领导的核心作用，确保合规与反贿赂管理体系的认证咨询工作得到有效执行。依法经营和合规管理已被纳入公司总部及下属单位的业绩考核指标，形成了一套涵盖企业生产经营全过程的合规管理指南。从上至下，确保合规管理的责任被逐级落实，确保合规文化深入人心，推动公司稳健前行。

（一）推进合规管理，治理体系不断完善

公司法治建设领导小组更名为法治建设领导小组（合规委员会），落实依法治企兴企方略，加强法治建设与合规管理组织领导。同时，成立公司各级风险管理委员会，建立分国别风险数据库，筑牢风险防控“三道防线”。在中东地区公司等 5 家海外单位设立独立合同法律机构的基础上，又在规模大、风险高的 8 家国内外单位建立总法律顾问制度。

（二）推进合规管理，制度建设不断完善

对标国际合规体系，公司印发《关于全面推进强化公司合同法律与合规管理的通知》，构建了涵盖 18 个管理程序文件和 13 个作业程序文件的合同与法律事务管理规章制度体系。并将中英文版合规调查问卷、反腐败反商业贿赂要求嵌入供应商、承包商招标文件及合同中，及时发现和管控商业伙伴违规带来的风险。此外，完成了总部及所属单位高风险岗位合规管理职责及风险清单编制及发布，使合规职责真正得到落实。

（三）推进合规管理，合规认证对标一流

经过努力，公司完成 ISO 9001 质量管理体系认证和 HSE 管理体系认证，并开展了 ISO 37301 合规管理体系认证和 ISO 37001 反贿赂管理体系认证，通过第三方认证机构对公司整个综合管理体系给出问题诊断意见，查漏补缺，在各业务流程节点中嵌入合规管理和审查要求并使之符合 ISO 标准要求，有效帮助公司进一步完善综合管理体系建设，增强公司竞争力。

（四）推进合规管理，持续合规专项排查整改

持续开展公司各领域各层面常态化风险隐患排查治理，及时有效防范化解各

类合规风险。结合公司实际，针对安全环保、市场竞争、采购招投标、财税金融等领域，开展违法违规问题专项治理，严格合规管控措施，守住不发生重大违规事件的底线。

（五）推进合规管理，厚植合规文化

持续开展全员合规培训，确保培训率达到100%。利用集团公司和公司培训平台，加强关键岗位合规培训，提高合规技能。结合公司“八五”普法规划，公司开展各项宣传活动，把合规文化融入法治宣传教育和企业文化建设中去。

公司已经形成了一套符合实际需要且行之有效的合规管理体系，真正做到全员、全周期、全流程、全过程的合同法律管理及风险管控。

三、融合合同法律与综合管理，迈向国际标准成效显著

合规管理制度已全面嵌入公司合同法律制度，并且融入公司综合管理体系。公司合规管理程序作为纲领性和指引性文件，全面规范公司各项合规管理工作。对于新的市场国、新的目标项目和目标合作伙伴，法律尽职调查现行，总法律顾问和合规法律人员参与公司重大经营决策事项的法律论证机制得到落实，全力发挥合同法律专业人员作用，积极防范和化解合同法律风险。公司已建立合同关闭制度及流程和关闭清单，对符合条件的合同要求尽早关闭，及时清理和终结债权债务关系，有效避免潜在的纠纷。

公司合规管理成果显著，获得集团公司“法治建设先进单位”称号，并在集团公司所属单位法治建设排名中斩获佳绩，不断开创依法合规治企新局面。经过不懈努力，公司顺利通过合规管理与反贿赂管理体系外部审核，并获得合规管理和反贿赂管理体系双认证证书，标志着公司合规管理得到了国际认可，稳步迈向国际一流水平。

案例启示

“见贤思齐焉，见不贤而内自省也。”合规管理之路，非一日之功，而是一个不断发现问题、改进提升的循环过程。监管的严格要求和国际社会的更高标准，不应被视为企业发展的障碍或忽视合规的理由。特别是作为央企，更应勇于面对

挑战，积极对标国际管理体系，不懈强化合规管理建设。这不仅是为了适应时代发展的需求、履行建设法治央企的使命，也是为了有效应对法律法规、监管政策、地方性法规、国际公约等多方面的合规挑战，提升企业竞争力，促进业务持续增长，确保企业基业长青的必要途径。

（案例权利人：霍雷 耿力 霍达）

敏锐调整购电方式　抓住契机降本增效

西南分公司（以下简称分公司）自 2020 年年初起，根据政府关于购电市场化的通知，迅速组织专人研究政策要求、市场信息和购电计价方式。2021 年和 2022 年通过招投标确定了 CPECC 大厦供电市场化售电公司，通过市场化购电方式较国家电网代理购电方式分别减少用电费用 ** 余万元、** 余万元。

2020 年 2 月 18 日，四川省发布《2020 年省内电力市场交易总体方案》，标志着电力交易改革启动。分公司立即行动，讨论政策、办理入场手续，并注册交易平台。自此，CPECC 大厦可通过市场化交易购电方式进行购电。

一、落地市场化进程，进行入场准备与售电公司选择

公司充分了解政策信息和要求，完成平台入场手续。首先，分公司深入研究省电力交易方案，确认用电规模和性质符合规定要求。随后，分公司前往所属电网公司和属地经贸委办理入场手续，包括提交交易平台申请、购买密钥，并顺利完成平台注册。

编制市场化购电招标文件，完成售电公司选商。分公司细致查询交易平台，了解具有售电资质的企业信息，并全面掌握交易规则。据此，分公司编制了详尽的招标文件，其中包括依据交易规则制定的技术要求。通过分公司招标中心的公开招标程序，分公司成功选定了售电公司，并在交易平台完成了备案手续。

此外，分公司依据售电交易平台规则，制定了水电的最高限价。这一定价策略基于水电和火电单价的按比例加权计算，加上固定的电网费用和国家法定税费。2021 年，水电和火电的固定比例为 7∶3。分公司在招标技术要求中明确了

水电最高限价，并确保售电公司具备较强的用电量调控能力，以承担每月用电偏差产生的全部费用，保障了交易的公平性和稳定性。

二、实现市场化交易，降本控费提质增效成果显著

根据售电合同的约定，CPECC 大厦的用电价格得以有效执行。2021 年，每月电费首先由电网公司按照其标准价格统一收取，随后，根据备案的售电公司价格计算差额，并在次月的结算中进行扣减。在这一年度，CPECC 大厦的平均电价较 2019 年下降了 18.60%。

进入 2022 年，四川省政府对电价进行了调整，交易平台直接按照备案的售电合同价格进行结算。同时，根据丰、平、枯水期的不同，调整了水电和火电的比例，分别为 8∶2、5∶5、4∶6。尽管火电价格较高导致总体电价上升，但年度平均电价仍比通过国家电网代理购电的方式降低了 8.16%。

通过售电交易平台，CPECC 大厦能够在系统内确认售电公司、签约价格和用电量，确保每月及时了解交易情况并接收平台通告及相关政策。这一系列措施使得 2021 年和 2022 年，CPECC 大厦通过市场化购电方式分别节省了 ** 余万元和 ** 余万元的用电费用。

案例启示

"积土成山，积水成渊。"近年来，集团公司、公司及分公司将提质增效作为重点工作，以推动高质量发展和增强核心竞争力。面对内外部经营形势的严峻挑战，分公司敏锐地把握政府深化改革的政策信息，严格执行集团公司、公司的提质增效行动方案。通过全面梳理工作内容，深度挖掘内部潜力，制定有效措施，落实提质增效工作要求，分公司再次证明了精益求精、不断进取是企业发展的核心。

（案例权利人：唐志友 雷正高 李小刚）

深化项目关闭管理　高效结算保障利益

第一建设公司经营管理中心（以下简称经管中心）充分认识到项目关闭是加强项目精益管理的内在需求，是完善管理制度，保证资产质量可持续发展的重要手段。在深入梳理和研究已完工未关闭项目的现状，以及分析其成因的基础上，经管中心制定了具体的关闭措施，并加大了结算力度，优化了考核政策，取得了显著的阶段性成果。

一、应对挑战，建立健全项目收尾管理体系

自2020年起，在新冠疫情和低油价的双重挑战之下，公司的生产经营面临着前所未有的压力。为了应对这些挑战，开展了对已完工未关闭项目的清理工作，这一举措不仅夯实了家底，而且对加速资金回收起到了重要的推动作用。工作目标是通过完善项目关闭的常态化管理制度和考核办法，建立健全的项目收尾管理体系，形成长效的循环管理机制和考核办法，实现项目完工结算关闭闭环管理。

二、管控过程，建立健全过程推进与落实机制

（一）建立组织构架，进行督导

经管中心印发《加强已完工工程结算及合同关闭工作方案》，成立已完工工程结算及合同关闭工作领导小组，并成立3个督导组，对督导片区单位的合同关闭工作实施情况和效果进行督导。

合同关闭工作领导小组，制订工作方案，研究部署合同关闭工作各项举措，并制订考核办法。合同关闭工作领导小组办公室，承担合同关闭工作领导小组的

日常工作，落实相关工作要求，并定期向领导小组汇报工作开展情况，及时反馈发现的问题。合同关闭工作督导组，对督导片区单位的合同关闭工作实施情况和效果进行督导。

（二）完善工作机制，进行入手

经管中心按照“持续推进、持续关闭、统计上报、上级督导”的方式，从部署、推进、总结三个阶段入手，推动已完工未关闭项目清理工作顺利进行。部署阶段，成立以第一责任人为组长的合同关闭工作领导小组，制订工作方案，开展经营结算工作督导机制及合同关闭工作的宣贯。推进阶段，积极组织开展推进工作，保证合同关闭工作的落实。经营管理中心组织督导组，对督导片区单位的合同关闭工作实施情况和效果进行督导及通报。总结汇报阶段，经管中心年底对各单位合同关闭工作进行总结，并将该项工作与各单位绩效考核挂钩。

（三）制订管理措施，进行推进

实行重难点工程结算汇报例会制度，对于重点工程、棘手工程结算，经管中心定期召开结算工作进展情况汇报月（半月）例会，监控重点工程结算进展，制定应对策略。以问题为导向召开结算专题推进会，每年召开四次专题会议，专项推进合同关闭，解决结算索赔难题。加强分包工程结算管理，督促及时结算，对于多次督促仍不配合者，进行发函，对于超诉讼时效分包合同，实行单方关闭。明确奖惩制度，尤其是对“烂尾”工程加大奖惩力度，对不作为行为严格问责。

（四）严肃落实经营绩效考核，进行管控

经管中心按月统计汇总各单位已完工未关闭项目清理情况，并在年底按照既定指标进行考核，与年度考核兑现挂钩，对于未完成关闭计划的单位，在年终考核时予以相应扣减，实现有效管控。

三、创新举措，确保工程结算高效与双方利益保障

（一）对长期无法关闭分包合同专项清理，解决结算制约

经管中心联合财务部门，共同下发了《关于推进长期无法关闭的分包合同清理工作的通知》，要求对分包合同长期无法关闭的情况进行专项清理。

以塔里木大化肥项目合成氨装置、锦西石化大检修等工程为契机，将一批合同完工超过 5 年，经多次催办后，仍未履行结算手续的分包合同，进行了单方结算关闭，有效解决了受分包结算制约，导致合同无法关闭的难题。

（二）加强法律对业务开展的支撑作用，保证双方利益

委托专业律师团队，对多家民营工程的结算索赔进行专项指导，并聘请专业的法律顾问，为工程索赔事项和合同关闭提供全过程的专业法律支持，增强了应对系统外市场风险的能力，保证了系统外工程结算争议有效解决。

四、取得成效，显著提升盈利能力与市场竞争力

第一建设公司 2021 年和 2022 年已完工未关闭项目总量分别达到 ** 项和 ** 项，这些未关闭合同体量在公司内部位列首位。通过持续加强结算管理，加大对内外结算力度，已取得了阶段性成果：截至 2022 年年底，已成功关闭 ** 项，占总量的 51%。

项目盈利能力显著增强。经管中心以“工程结算”和“变更索赔”为关键，致力于资金回收和欠款清理，提出了有效的项目变更索赔和关闭建议。这一策略有效控制了亏损项目的关键点，封堵了成本费用、工程结算、资金回笼、法律诉讼等方面的漏洞，激发了内部活力。

资产质量得到巩固。经管中心重视资金的时间价值管理，合理安排收支节奏。通过制定并执行有效的催收计划，加快收入结算流程，提高了结算效率，并积极回收历年欠款，有效减轻了资金压力和成本负担。

经营风险有效化解。及时关闭已完工项目，不仅确保了资金回收，还避免了经营和法律纠纷风险，防止了项目费用持续发生、业主欠款无法回收、盈利项目转为亏损或潜在亏损的风险。这一措施最大限度地维护了第一建设公司的合法权益，增强了市场竞争力。

历史遗留问题顺利解决。合同关闭工作的持续推动，使得工程结算方面的历史遗留问题得到有序处理，为第一建设公司减轻了历史负担，便于其轻装上阵，公平参与市场竞争，实现了高质量可持续发展的改革目标。

案例启示

“克勤克俭，无怠无荒。”这句古训在已完工未关闭项目清理三年行动计划中得到了深刻体现，作为一项持续时间长、历经阶段多、涉及利益者多、配合者多的工作，启示有三。首先是抓实抓细，确保执行到位。公司战略思路、顶层设计、执行机制虽已明确，但关键在于落实。必须加强监督责任的落实，确保每个环节都有人负责、有责任明确、有进度要求。通过倒排时间计划，全力以赴推动工作进展，确保计划不仅“上墙”更要“落地”，避免纸上谈兵。其次严格把控，确保时间节点。在执行过程中，要强化过程管控和督导检查，对实际进展与计划出现的偏差及时进行分析，采取有效措施进行纠偏。对于余量过大、负担重的项目，要创新思路，制定并实施超常规的优化方案，定期进行督导，确保计划刚性执行。最后是责任到人，工作细化。项目经理作为合同关闭的第一责任人，要亲自抓、亲自管，坚决防止责任推诿。关闭方案要结合项目实际，不断细化完善，明确中间节点、关键环节，确保每个事项都有责任人、关闭时间，做到事事有回音、件件有着落。

（案例权利人：唐祥 王旭 阎奇 马书梅 宋超 杨开睿）

编制精益管理手册 赋能项目高效运营

华北分公司（以下简称分公司）为打通 EPC 总承包项目高质量管理路径，通过精确提炼项目管理精髓、深入剖析和借鉴先进管理理念，成功编制了《精益管理 300 条》实践指导手册。该手册覆盖了 EPC 总承包项目管理的 16 个核心板块、65 个关键管理节点和 300 余项具体管理举措。在各总承包项目中标准化应用该手册，逐步展现了管理的显著优势，有效地指导各 EPC 参建单位在文化融合、归属感培育、团队凝聚力提升等方面取得了显著成果，从而为品牌塑造、人才发展、市场拓展等方面提供了坚实支撑。

一、破解管理难题，提升效能

分公司所承担的 EPC 总承包项目普遍面临工期紧迫、管理要素复杂多样、管理对象质量参差不齐的挑战，这些因素在一定程度上导致了项目管理的被动局面，阻碍了项目质量管理的高效实施。为了充分发挥总承包项目中各部门的职能，避免管理过程中的无效循环和冗余路径，确保项目管理措施切实到位，是达成总承包项目高质量管理的基石。

二、编制管理手册，提供指引

科学分解 EPC 总承包项目全生命周期、全管理要素，结合公司、分公司总承包项目管理体系要求，深度总结分公司重点项目成功管理经验，融合形成总承包项目管理 16 大管理板块，包括项目组织管理、项目策划、设计管理、采购管理等。范畴内利用 WBS 工作分解思路，形成 65 项管理要点，进而分解成 300 余条具体管理动作，明确具体管理动作的实施要求、实施责任人、实施时间等关键要素，为各 EPC 总承包项目提供规范化精益管理指引。同时，为引领总承包项目形成精益管理“全员学习和实践”的氛围，结合不同阅读习惯，制作便携式精益管理卡片、精益管理手册，达到人手一册、人人学习的效果。

为提升项目前期策划管理，各 EPC 总承包项目开展《精益管理 300 条》实践指导手册的对标工作，实事求是地找出差距，并将其作为策划的规定动作。各 EPC 总承包项目深刻剖析项目特点，结合手册进一步明确精益管理动作的具体成果、责任人和时间，并建立内部交底、跟踪和考核机制，倒逼责任人严格按照手册要求开展工作。通过这些措施，旨在有效提升项目部全员履职能力，确保在项目进度、安全、质量和费用管理等方面取得显著成效，从而推动 EPC 总承包项目的精益化管理水平。

为有效检验精益管理实践成效并督导各 EPC 总承包项目认真履职，华北分公司构建了分公司与项目两级联动的评价机制。各 EPC 总承包项目部需按季度进行精益管理实践的自我评价，评价内容涵盖评价周期内的精益管理实施情况、取得的管理成效、存在的问题与不足，以及后续的实施计划和改进建议，通过自评推动管理工作的持续优化。分公司则在每个季度对 EPC 总承包项目的精益管理实践进行评价，提出具体的实施要求和改进建议，并将评价结果作为项目量化考核的重要依据，实施奖优罚劣的激励机制，确保管理成效的可追溯性和显著性。

三、实施精益管理，显著成效

分公司通过坚定不移地推进《精益管理 300 条》的实践，已成功构建了 EPC 总承包项目的全生命周期、全要素管理机制，逐步迈向管理规范化与精益化的新阶段。全员学习和实践的精益管理文化氛围日益浓厚，为总承包项目的高质量管理优势提供了长效的释放机制。

在 2022 年，分公司全年高效运行总承包项目 ** 个，部署了 ** 余名 EPC 管理人员常驻项目现场，他们均出色地履行了 EPC 管理职责，确保了 EPC 工作人员履职达标率达到 100%，同时 EPC 总承包策划评审和备案工作也实现了 100% 的完成率。全年累计实现了安全人工时 ** 万个，项目进度节点正点率保持在

90% 以上，分包商管理工作全面达标，达标率达到 100%。在合同管理方面，各 EPC 总承包项目的合同索赔及时率超过 90%，并且成功关闭收尾了 4 个总承包项目，圆满实现了全年的各项既定指标，也体现了分公司在 EPC 项目管理上对提质增效的不懈追求和实践成果。

案例启示

“如切如磋，如琢如磨。”在工程建设领域迅猛发展、市场竞争日益激烈的当下，工程总承包企业采纳精益管理已成为通往高质量发展的必经之路。它不仅是擦亮企业品牌、稳固市场地位的关键策略，更是工程建设乃至全行业管理发展的趋势。追求精雕细琢、精益求精的大国工匠精神，是达成高质量管理的基石。通过精益管理，企业不仅能够实现管理的高标准，还能推动自身的高质量发展，展现央企的社会责任与担当。

精益管理不是一蹴而就的过程，而是一个持续规范、动态优化、全面践行的管理旅程，它是企业创新驱动发展的重要阶段。需不断地从实践中总结经验、规范流程、提炼创新点。精益管理体现了企业追求卓越的坚定决心和持续的自驱动力。只有将精益管理的理念从意识转化为行动，并持续落实与改进，企业才能在发展的道路上创造更大的价值，实现长期的可持续发展。

（案例权利人：寿新龙　李树松　周林林　张丽）

践行一线管理模式 深入项目提升实效

华北分公司（以下简称分公司）致力于强化职能部门的后台支持作用，促进领导干部深入项目一线，靠前指挥，紧抓工程总承包项目建设中的主要矛盾及其关键环节。分公司与一线员工携手共建，形成推动高质量发展的强大合力。通过全面推行总承包项目现场的“一线工作法”，分公司坚持以“问题导向”和“结果导向”为原则，有效提升了项目管理的实效性，取得了显著成效。

一、创新制定“一线工作法”，提升项目管理效能与领导形象

分公司在总承包项目全生命周期和全管理要素的实践中，深度总结管理经验与不足，创新制定出“一线工作法”管理模式，即：情况在一线掌握、决策在一线形成、问题在一线解决、作风在一线转变、感情在一线培养、能力在一线锤炼、成绩在一线检验、形象在一线树立。

分公司通过深入项目现场，与一线员工深度交流，全面掌握项目各管理要素的实际执行情况，获取决策、定思路、抓落实的直接信息。在紧密联系公司和分公司重大决策的同时，脚踏实地地了解项目具体工作和员工需求，确保决策的科学性、可行性和有效性。关注项目高质量运行的关键问题，以及影响分公司发展的难点，实现问题在一线发现、在一线解决，将矛盾消除在初期阶段。领导干部走出办公室，深入现场，与一线员工并肩作战，真切了解员工的工作生活状态，力戒官僚主义、形式主义，培养求真务实、攻坚克难的工作作风和生活态度。通过与一线员工的密切接触，提升职能部门与项目一线的沟通效率，增进彼此感情。在项目建设过程中，坚持问题导向，提升处理复杂问题的能力。工作的成效

要以项目运行阶段性和最终结果为评判标准，接受一线的检验和评价。通过实际行动，为项目谋实招、办实事、求实效，树立分公司领导干部在稳健发展时期的良好形象。

二、深入践行“一线工作法”，展现卓越管理成效与领导力

通过深入践行“一线工作法”，分公司成功营造了靠前协调、主动服务的管理文化。各职能部门主任坚持每月至少前往两个项目现场办公，每次驻场不少于三天，确保每季度对所有负责的在运行项目进行全面覆盖。驻场期间，他们每日对项目现场进行检查，深入挖掘管理薄弱环节，精准识别设计、采购、施工、分包、外协等环节的衔接障碍和资源需求。通过与分公司其他职能部门、分包单位领导、业主领导的紧密协调，有效协助项目部解决现场遇到的突出问题和困难。

2022 年，分公司全年高效运行总承包项目共计 ** 个，实现了“一线工作法”项目覆盖率达到 100%。期间，召开专题协调会议 50 余次，问题推进解决闭合率超过 90%，成功压降应收账款 ** 万元，合同资产压降 ** 万元，圆满完成了全年各项既定指标，而且通过这一系列措施显著提高了项目运营的效率和质量，展现了分公司的卓越管理成效和提质增效的成果。

案例启示

“世异则事异，事异则备变。”这一古老而深邃的理念在当今时代依然闪耀着智慧的光芒。分公司独具匠心创造的“一线工作法”不仅加强了机关作风建设，缩短了员工之间的距离，而且实现了对问题的及时发现与快速解决，体现了管理创新的深刻内涵。

“创新是企业的生命线”，这句话道出了创新在公司发展中的核心地位。在当今这个竞争异常激烈的市场环境中，形势瞬息万变，挑战与机遇并存，只有不断创新，才能保持竞争优势，才能在变化莫测的环境中稳固立足。创新不仅仅局限于技术领域，它更涵盖了思维方式和方法论的革新。创新需要人们不断挑战自己

的思维定式，打破旧有的思维模式，探索新的思考路径和解决问题的方法。只有这样，才能在思维上实现跨越式的发展，在实践中持续创造新的价值，推动公司向更高层次的发展迈进。

（案例权利人：郭志 潘龙 周林林 王茜 武文婕 陈珮珊）

聚焦经营绩效考核　探索模式焕发新机

广东石化项目部（以下简称项目部）面对着工程投资大、工期严苛、参建人员构成复杂等挑战，传统的经营绩效考核模式已无法有效应对这些现实问题，以提质增效工作为契机，积极探索适应大型项目经营绩效考核管理机制，试行项目全生命周期考核，弥补传统经营绩效考核的不足，释放自主管理性、灵活性，助力公司实现高质量发展。

一、传统经营绩效考核，存在诸多不足

公司经营绩效考核指标分为经营类指标、约束类指标和激励性指标的三大类。经营类指标主要反映经营成果的量化指标，涵盖财务类、市场开发类、项目执行类、三项制度改革及党建工作评价类等，适用于所有员工。激励性指标则注重奖励，不涉及惩罚，包括对发明奖励、标准制定、管理创新等方面的奖励。约束类指标则相反，仅涉及惩罚，不涉及奖励，涵盖质量、HSE 管理、投资控制等方面。

公司传统的经营绩效考核包括年度绩效考核和完工超额奖。年初，由公司下达年度经营考核指标，与被考核单位签署年度《经营绩效目标责任书》，年末，按年度考核结果对比指标进行兑现，完工超额奖则根据项目完工后最终经营绩效情况，由公司研究兑现。

在传统经营绩效考核中，各年度经营绩效指标由公司控制和下达，员工的奖金分配系数相对固定，而完工超额奖指标在项目初期并不明确，被考核单位的自主性相对较弱。这种模式在一定程度上限制了项目的灵活性和管理层的自主决策能力。

二、采取全生命周期考核，提高执行效率

在应对传统经营绩效考核模式不足的情况下，项目部采取了项目全生命周期考核的改革措施，将“以考核为压力、以授权提效率”作为主线，旨在通过创新的管理机制，激发项目团队的积极性和创造力。项目部对关键管理人员实行了“年度预考核 + 项目完工考核”的全生命周期考核模式，将关键管理人员的一部分奖金与项目最终效益挂钩，实行“亏损全额沉没，完成目标加倍返还，超额完成额外奖励”的机制，进而形成奖优罚劣的动力和压力，促进完成项目总体目标，防止出现短期行为。在执行过程和成本受控的前提下，项目部充分授权给被考核单位，提供更大的管理创新空间，包括允许调整奖金分配系数、自行支配节省的人工成本等。这样的授权措施旨在提高现场响应速度，提升执行效率，同时鼓励项目团队在保持成本控制的同时，寻找提高效率和创新的方法。

通过这些措施，项目部不仅提升了项目管理的效果，还增强了团队的责任感和创新能力，有助于推动项目的高效完成和公司的持续发展。

三、创新考核兑现模式，促进目标实现

项目部实行“年度预考核 + 项目完工考核”的全生命周期考核模式，结合工作内容与项目总体目标的关联性，以及内部考核的可操作性，将部门经理（负责人）及以上人员作为关键管理人员，考核周期为年初的 1 月 1 日至项目完工。

年度预考核时，对项目部当年主要经营指标完成情况、项目进度和 HSE、质量业绩进行考核。公司根据年度考核结果，确定项目部领导班子年度兑现总额和党政一把手绩效奖金，在年度人工成本预算范围内核定项目部年度绩效奖金。项目部自行制定内部分配考核制度，有权自行调整年终奖金分配系数，并进行考核、分配。参与全生命周期考核的关键管理人员，扣除年度绩效奖金（年终奖）的 20% 作为项目完工考核金，在项目完工时，根据完工考核情况返还。

项目完工考核时，按照目标净利润完成情况，进行完工考核兑现。若出现亏损时，沉没全部完工考核金；未完成目标净利润时，按净利润完成情况返还完工考核金，返还完工考核金 = 完工考核金总额 × 目标净利润完成率，目标净利润完成率 = 实际净利润 / 目标净利润 ×100%；实现目标净利润时，两倍返还完工

考核金；超额完成目标，根据具体超额情况确定超额奖励总额。对于在完工考核兑现前，提前退出项目部的人员，可按照其在项目部工作时间，折算完工兑现的具体奖金数额。

四、细化考核控制措施，提升管理效率

作为公司创新试点，项目部积极探索大型项目经营绩效管理机制改革，拟定配套措施，监控实施效果。

首先，项目部将公司下达的年度预考核目标和项目部控制目标进行细化和分解，确保责任到部门和个人。通过建立月度监控机制，项目部能够及时掌握成本信息，提前预警潜在问题，并及时进行纠偏。年末，项目部对考核结果进行分析，以查优找劣，发扬好的传统，并在此基础上拓展管理创新的空间。这种以考核为基础，以考核为动力的方法，有效地提高了项目管理水平，促进了项目部总体目标的实现。

其次，项目部组织拟定了《广东石化项目部全生命周期考核内部考核实施细则》，进一步细化了标准，使预算和成本控制的理念深入人心，促使每个参建的管理人员都具备了“提质增效、降本增效”的意识，从而在每一个管理环节上都能主动寻求效益的提升。

最后，参与全生命周期考核的项目部关键管理人员，需要扣除2020年和2021年度绩效奖金的20%作为项目完工考核金。这些资金将在项目完工时根据完工考核情况返还，通过这种方式，项目部实现了优奖劣罚，进一步激发了管理人员的积极性和责任感。

通过这些综合性的改革措施，项目部不仅提升了项目管理的效果，还增强了团队的责任感和创新能力，有助于推动项目的高效完成和公司的持续发展。

案例启示

“革故鼎新，自强不息。”这句古语深刻地概括了项目部全生命周期考核模式的核心理念。项目部作为公司创新试点，通过在传统年度经营考核的基础上增加项目完工考核兑现，将关键管理人员的一部分奖金与项目最终效益紧密挂钩。这

种“亏损奖金全部沉没，完成目标加倍返还，超额完成额外奖励”的机制，不仅形成了奖优罚劣的动力和压力，还有效促进了项目部完成总体目标，防止了短期行为的出现。

这一模式在整个建设期取得了显著的效果，不仅提升了项目管理水平和执行效率，还增强了团队的凝聚力和创新能力。它不仅是对项目管理人员的一种激励，也是对项目管理方式的一种革新。这个案例告诉我们，只有通过不断地积累和创新，才能在竞争激烈的市场中脱颖而出，实现企业的高质量发展。

（案例权利人：侯可军　王红军　查理　董璐　刘冠廷）

转思维实践中提升　迎挑战逆境中升华

阿尔及利亚分公司（以下简称分公司）所处的国度是一个国际油气承包商云集、竞争激烈的纯外部市场。在这样竞争激烈的市场环境中，分公司通过一个个项目的实践，逆境中迎难而上，不断提升管理水平；面对突发事件，转变思维积极应当；在人才资源奇缺的条件下，充分挖掘自我潜力，加大关键人才培养。经过一次次挑战、实践、突破、转变，分公司积累了丰富的经验，在动荡的异国他乡站稳了脚跟。

一、不畏逆境，应时而动走出困境

2021 年，某炼厂改扩建项目进入装置开车的关键时刻，加氢、重整和异构化装置单元（以下简称 MS 单元）、催化裂化和液化气分离装置单元（以下简称 RFCC 单元），均采用国际先进工艺专利包，装置的建造和开工均需要专利商的现场检验和指导。此时，正值新型冠状病毒全球肆虐，阿尔及利亚航空几乎处于断航状态，专利商更是拒绝在疫情防控期间动迁。施工分包方、开工分包方、无氧装填分包方都已待命，每等待一天就会产生费用的增加和工期的延长，贸然开工又有额外的损失风险。

值此两难抉择之时，组织技术人员和各合作方对在没有专利商指导的情况下开工的可行性进行了详细论证。对原料产品检验、催化剂填装、试运投产等流程的风险点进行逐项识别、分析，制订了详细的开工流程和应急方案。最终，项目部在没有专利商指导的情况下，顺利完成了 MS 单元和 RFCC 单元的试运投产，压降了开工成本，保障了项目工期。

当年，某炼厂改扩建项目余热锅炉单元和燃气轮机发电机系统也进入试运开工阶段，项目部原计划从国内动迁 9 名开工人员和 5 名保运人员。因受到新冠疫情影响，国内人员动迁迟迟无法到位。面对这一逆境，项目部迅速调整策略，转变思维，经过与业主沟通，由项目开工部人员、业主人员、招聘当地保运雇员组成试运开工团队，加强对项目当地雇员的培训，充分发挥当地雇员与业主人员的沟通优势。通过充分研究设备厂家资料和操作手册，他们顺利完成余热锅炉单元和燃气轮机发电机系统的煮炉、钝化等工作，11 月底按计划取得了该单元的临验证书。

2022 年，阿尔及利亚某油田项目进入开工、试运阶段，经过对先前项目经验总结和推广，项目部全力推动项目试运开工工作雇员当地化、程序化、标准化模式，形成以中方人员牵头，当地人员为主的管理架构。原计划项目试运开工需 16 名中方专业工程师和操作人员，通过对当地雇员培训、细化试运程序文件和工作流程等措施，试运工作全部由现有当地雇员赴现场执行实施。同时通过与业主沟通协商，让业主操作人员提前参与项目试运的测试和调试，并由业主主导引油开工操作，为项目的顺利移交奠定了基础。

二、应对挑战，应时而谋成功实践

在新冠疫情这一全球性的挑战面前，固守旧有的思维和方法将无法抓住机遇。正如，思路决定出路，观念决定方向。经验固然宝贵，但观念的正确与否，对于决策的方向和结果起着决定性作用。经验可以帮助处理已有的问题，而正确的观念则能够引导朝着正确的方向前进。在分公司的实际工作中，思维方式的转变和管理水平的提升，正是积极适应环境变化、主动进行变革、促进管理提升的典型例证。

近年来，分公司提出了一系列方针，包括国际化人才培养、管理基础提升、雇员属地化和标准化管理等，这些措施极大地提升了员工的管理能力，为具体工作中的管理优化创造了有利条件。同时，工作中的经验积累也促进了标准化、属地化和国际化的发展，企业在这种良性循环中不断积累，提升市场竞争力，保障了企业的长期、稳定发展。

正如古人所说，“人既尽其才，则百事俱举；百事举矣，则富强不足谋也。”人才资源是所有资源中最根本、最起决定性作用、最难调配的资源。了解并合理利用手中的资源，将其安排到合适的位置，以最小的成本发挥最大的作用。

最初进入非洲市场时，分公司感受到的最大挑战是“缺乏资源和人才依托”。在这种惯性思维的影响下，分公司可能会依赖熟悉的供应商和分包商，以及成熟的管理模式。然而，随着时间的推移和市场环境的变化，分公司在经营国已经储备了一定的当地技术人才，业主在试运阶段的融入更有利于后期的培训和移交，从而推动了公司整体技术和管理水平的显著提升。

案例启示

“大智若愚，勿恃聪明。”资源环境的变化是永恒的，它既是挑战，也是机遇。优秀的 EPC 承包商不仅能够整合资源，充分发挥各项资源的优势，总结整理出自己的模式和体系，更能够适应环境变化，不断调整和提升。阿尔及利亚分公司 EPC 项目是对自身资源、中国本地资源、国际化资源的整合，但这并不意味着 EPC 项目管理能力的提升是一蹴而就的。EPC 项目管理能力的提升不能简单地照搬其他成功的套路，而是需要通过经验的积累，积极面对挑战，在实践中不断提升，在逆境中实现升华。

这个案例告诉我们，在面对复杂多变的环境时，需要在整合资源的基础上，不断适应变化，不断调整和改进我们的管理模式和体系。只有这样，才能在激烈的市场竞争中脱颖而出，实现企业的可持续发展。

（案例权利人：王磊　项征　杨诗琦　张亮）

多措并举降本控费　严控支出创效增利

阿穆尔分公司（以下简称分公司）坚定“一切成本皆可降”的理念，结合分公司施工管理切除的实际情况，通过全面梳理行管后勤方面的各项费用，深入细致地研究提质增效方案，持续深挖潜力，坚持用工属地化。2021—2022 年，压降用工成本、租赁费、物业服务费、外电及燃料使用费用等约 ** 万元。

一、多措并举，严控支出

（一）租赁费实现优化压降，节约显著

为了实现租赁成本的节约，分公司对国内外各办公点的办公室、宿舍、车辆等租赁状态进行了全面梳理，并密切跟踪项目执行及人员精简的实际情况。在确保满足基本需求的前提下，分公司进行了资源配置的优化，实时退租了富余的资源。通过这些措施，分公司不仅确保了资源的有效利用，还实现了租赁成本的显著节约，进一步提升了企业的运营效率和成本控制能力。

（二）营地运营费用大幅压降，成效显著

在物业运维服务费用方面，根据项目进展及人员精简情况，通过持续深入优化物业公司运维人员岗位配置，最大限度精简运维人员，两年来物业公司运维人员人数从 2020 年逐步降低，综合物业服务费用每月也有所降低。此外，市场调研和竞争机制引入后，并通过污水处理系统扩容改造，每月减少外运量 10934 立方米，显著降低了污水处理费用。

为降低外电线路及变电所检修费用，经与外电线路运维公司多次沟通，每月外电检修技术服务费用进行了降低。此外，现场办公区域接入外电，有效降低了

发电机运营成本。

在柴油消耗方面，针对夏季和冬季柴油使用特点，采取分时段降低水温及供暖温度等措施，最大限度降低柴油消耗。此外，现场网络费方面，根据料场库房的用网需求对人员分流后的办公室网络进行降速降费。

（三）医疗服务及检测费用实现节支，降费显著

在俄罗斯境内疫情逐渐缓解的背景下，分公司采取了多项措施以降低医疗服务费用。通过与负责营地医务室运营的公司协商，调整了医护人员的工作制度，减少了加班情况，从而节省了医疗服务费用。此外，分公司还采取了竞争机制，与多家检测机构签约，显著降低了检测成本。针对净水化验费用的上涨，分公司与俄联邦消费者监督局进行了多次磋商。通过调整净水化验方案，将化验项目从每月 32 项减少到 15 项，取样点从 22 处减少到 10 处。这些调整使得每月净水化验费用进行降低，有效控制了成本增长。

（四）向信息化管理要效益，效率显著

为了提高办公效率和数据安全性，分公司自建了电子签名系统，实现了员工的远程异地办公，同时节约了 ** 万元第三方开发费用。此外，分公司在文档管理系统 PU 使用期限到期后，通过多方调研和对比，选择了 EMP 系统作为替代方案，以降低维护服务费用。自 2020 年 10 月起，EMP 系统已完全替代原 PU 系统，实现了更高效的办公流程。此外，分公司充分利用 EMP2.0 平台，全面实施无纸化办公，推动各部门相关业务的线上审批，有效减少了办公用品的消耗。

（五）加强后勤购置管理，严控支出

两年来，深入市场调研，引入竞争机制，严控后勤物资采购支出，按物资类别分别招标确定供货商以及提高库存物资利用率等措施，降低了生活物资采购费用。特别地缘冲突以来，及时预判市场价格上涨的行情，提前采购储备后勤物资，避开了价格飞涨的混乱期，节约了大量采购成本。

（六）“创效”行动让闲置资产创造效益

分公司在全面降低各项后勤费用的同时，积极开展“创效”行动，让闲置资产产生效益，通过各种渠道积极寻找潜在买家，2022 年向土耳其建筑公司出售

保鲜冷库 2 台，向当地企业出售车况较差车辆 3 台。

二、多项节约，实现创收

分公司在采取了一系列的多措并举、严控支出措施后，压降行政后勤费用，其中租赁费用、营地运营费用、医疗服务及检测费用、信息化管理费用、后勤物资采购费用均有所节约，此外，通过处置闲置资产，分公司实现了收入 ** 万元。

案例启示

“节约莫怠慢，积少成千万。”这句古语强调了节约的重要性，它不仅是一种美德，更是企业再生产能力的体现。每一笔资金都承载着期望，而有效的后勤成本控制实际上就是创造效益的过程。

在过去两年中，分公司通过深入的调研和全员参与，从细节入手，采取了多种措施，全面压降了行政后勤开支。这些举措不仅提高了公司的运营效率，还显著提升了公司的质量效益。这一案例，通过细致入微的管理和创新思维，企业可以在不牺牲服务质量的前提下，有效地降低成本，实现资源的最大化利用。

（案例权利人：姚海盛　赵福海　梁宁　盖启良）

CHAPTER 4

第四篇

坚持精益求精　加快成果转化　增强创新价值

智能系统构赋新能　业务模式实现重构

公司在服务集团公司统一数据管理的过程中，始终坚持问题导向和需求导向，深入开展调查研究，广泛吸纳执行层的意见和建议，充分考虑企业个性化需求，在国产化系统基础上重新架构并逐步建成一套数据共享、业务协同的信息化系统，实现了公司资源整合、流程优化与价值提升。打破了传统的“设计—采购—施工”串联作业模式，创新性地推出了“设计＋采购＋施工”的共享协同模式。在这一模式下，工程建设领域的数据价值得到了充分挖掘，数据创效能力显著提升，数据经济在企业发展中的作用日益凸显。信息化建设在石油工程建设全生命周期管理、全业务链条发展中起到了关键作用，不仅加快了工程建设由粗放式管理向精细管理、精益管理的转变，还有力推动了业务模式的重构、管理模式的变革以及服务模式的创新。

一、构建数字化管理体系，提升设计到施工产业链效率与协同能力

公司通过统一规划设计、建设、部署和运维支持，构建了以数据整合为核心的数字化能力，实现了公司及所属单位纵向贯通和业务部门间横向协同，确保了项目作业管理各环节的数据共享，以及对外部承包商、供应商的管理等四个维度的数据流贯通。这一体系不仅满足了项目精细化和企业集约化管理的要求，还兼顾了统一性和灵活性，为整个组织提供了坚实的数字化基础。

在此基础上，以所属单位为业务执行中心，组建了满足项目需求的集中采购、工程设计、施工、勘察测量等专业化所属单位，并通过系统实现了对国内外

近30家所属单位的统一管控。同时，公司构建了统一的数据资源服务系统，支撑管理与生产活动，推动多专业设计协同作业，实现流程自动化和异地协同化。集中采购策略整合了资源，降低了成本，并通过采购信息看板实现了实时监控。费用控制系统动态化管理项目成本，材料编码体系则支撑了精细化的EPC作业与管理。数字化施工管理信息系统无缝衔接设计、采购、施工环节，提升了施工效率。此外，公司实现了人员、机具、材料、资金等资源的共享和高效服务，并通过工程数字孪生体的交付，提升了工程交付的附加值。这一系列措施共同构成了公司全面、高效、协同的数字化管理体系，推动了企业的持续发展和市场竞争力。

二、重构业务与管理模式，助力企业迈向提质增效新高度

业务模式重构助力，EPC（设计、采购、施工）全产业链提质增效。公司依托统一设计管理体系和信息系统，实现设计软件、人力资源全面共享。支持规模化集中采购，构建包含百万条数据、上千亿元规模的历史价格数据库和数据地图，提高投标报价等工作的决策效率和质量。满足工厂化预制、模块化施工要求，并行管理施工工序。仅焊接管理系统独创的图纸智能解析、焊口材料追溯等功能，可节约相关工作70%以上人工成本，降低15%以上焊接材料损耗。

管理模式变革，实现项目全生命周期数字化管控。涵盖项目启动、策划、执行、控制、收尾等全生命周期。通过整合共享全业务链数据，打造高效协同管理系统，实现了EPC项目的一体化智能管控，项目盈利能力显著提升。目前，系统功能超过1.08万项，活跃用户超过8500个。1300个总承包项目和8600个设计及其他项目在线运行。

运营模式优化，提升企业综合精益运营能力。内置刚性制度要求于系统程序赋能基层的同时，实现对生产作业的有效合规管控。特别强化全面预算管理，费用控制从项目投标做起，对项目进行全过程严格管控，确保分项成本不超预算，取得试点单位超百个EPC项目零亏损的成果。目前系统已经全面覆盖公司机关职能部门及设计、施工等所属单位。

服务模式创新，打造一站式数字化交付体系与系统。公司试点推进集团公司

数字化转型，通过 EPC 数字化作业推动项目数字化交付的发展，进而推动智能化油气田运营服务的创新。在西气东输四线工程运用智能化工况系统，实现了全过程数据监控，为业主提供了增值服务，为企业开创新服务模式和新市场领域。

案例启示

“天行健，君子以自强不息。”这句古语激励着企业在面对挑战时不断自强，也正是我们在企业管理信息化系统建设过程中的真实写照。该系统是在充分总结公司原有管理系统和软件建设经验的基础上，对企业数字化转型的一次全面革新。在项目建设初期，遭遇了第一次需求调研的挫折，未能达到预期目标。然而，困难并未让大家退缩，反而激发了公司和项目组的斗志。以破釜沉舟的决心，重新动员全公司力量，靶向制定更为精准的工作方案，开展了第二轮深入调研和业务研讨。

通过这次深入调研，终于摸清了用户需求的脉络，项目组人员随即全身心投入系统开发、功能验证和试点运行等关键环节。经过不懈努力，最终提交了一份令人满意的答卷。企业管理信息化系统成功实现了从项目设计、采购、施工到数字化交付的全流程、精细化管控能力提升，这不仅为国企三年改革行动目标的实现提供了坚实保障，也显著推动了企业数字化转型的步伐。

这一案例带来的深刻启示是在面对复杂多变的市场环境和内部管理挑战时，企业必须坚持自我革新，勇于突破困境。通过精准识别需求、科学制订方案、全力以赴实施，企业能够不断优化管理流程，提升运营效率，最终实现质量与效益的双提升。

（案例权利人：李小宁　王春明　范睿　宋光红　李默宇　余庆林　于永伟　周阳　刘健　王庆祥）

构建垂直管理体系　力推公司业务转型

为响应国家关于加快新能源发展的号召，从国家层面到集团层面都迫切需要推动新能源新业务的发展。在这一大背景下，公司审时度势，重组成立了新能源事业部，这是公司顺应时代潮流、把握发展机遇的重要决策。新能源事业部在前沿技术研发体系基础上构建了垂直管理体系，紧紧围绕公司五个“一流”的要求，积极努力在新能源新业务方案推介、技术提升及人才培养等领域开展工作，助力公司油气业务链延伸、新能源新业务发展、公司业务转型升级等。

一、筹建新能源事业部，酝酿垂直管理体系

原工程技术研发中心是公司前沿技术研发的专业机构，经过多年发展已经完成前沿技术研发体系的构建，并在公司前沿技术研发工作中发挥了较为重要的作用，显著推动了公司技术前沿的进步和创新。然而，在筹备新能源事业部的过程中，公司发现新能源新业务的管理长期各相关单位各自为战，导致重复研究现象频发，资源浪费问题突出。为了更有效地整合资源，统筹推动各单位的发展，新能源事业部提出要以四个主要设计单位为依托，实现对新能源新业务发展的垂直管理，垂直管理体系将完善前研究述研发体系建成，构建想法纳入到了部门筹建方案之中。

二、成立新能源事业部，初步建立垂直管理体系

为落实集团公司加速新能源业务发展的要求，整合资源，推动绿色低碳转型，公司已将原工程技术研发中心重组为新能源事业部，实施垂直管理。事业部已初步建立管理体系，涵盖项目信息收集、团队联络、科研项目联合研究、青年

人才培养及业务考核管理等方面。

（一）项目信息搜集传递系统，优化资源配置助力业务拓展

新能源事业部对集团公司在新能源新业务领域的重点投资规划进行研判，结合各单位掌握的信息情况，分析公司宏观跟踪现状。按照分工统筹各单位进行属地化市场开发，新能源事业部协调公司资源全力协助各单位。信息搜集传递系统使得新能源新业务的项目信息传递更加迅速，市场开发效率得到进一步提升。

（二）管理团队联络系统，实现统一协调管理无死角

为了统一管理，西南分公司、北京分公司、新疆设计分公司和华北分公司新能源新业务主管领导同时担任了公司新能源事业部副总经理，一同承担起统筹协调具体工作。为了更好地深入了解各单位项目管理情况，公司专门组建了管理通关队联络系统，经过搜集整理 270 人进入，项目管理可以延伸至每一位管理人员。

（三）重点科研项目联合研究机制，实现科研项目联合攻关

重点科研项目联合研究机制主要依托于新能源事业部牵头管理的集团公司氦气技术研发中心，以及参与管理的集团公司地热技术研发中心和煤炭地下气化技术研发中心的三个中心。以公司级以上的重点科研项目为抓手提升公司在重点领域的技术创新提升。在重点研究领域，新能源事业部将作为牵头部门，统筹各单位技术能力、技术力量对重点科研项目进行联合攻关，打破各单位的技术壁垒，实现技术的快速突破。

（四）青年人才培养体系，助力青年人才成长

新能源事业部以公司“人才强企”工程为契机，开展“青年科研人才培养计划”，以培育领军人才接续力量为主要任务，健全高潜青年人才的早期发现、培养机制，实施青年科技人才培养计划。通过分类分专业确定青年人才发展目标，统筹优质培养资源，在导师培养、科研攻关、工程实践等方面给予支持保障，做好培养目标跟踪管理，完善考核退出机制。

（五）考核管理办法，推动市场拓展与工程进步

为了推动新能源业务的发展，创立并完善了公司新能源考核细则，突出能

力建设考核，鼓励各单位系统性开发新能源新业务项目，形成以工程推动技术进步、以技术拓展新市场的良好局面。

三、垂直管理体系，有力推动新能源新业务发展

垂直管理体系的构建，实现了公司新能源业务的一体化发展。新能源事业部发挥统领作用，协调各单位运用特色技术，统一品牌对外拓展业务，形成优势互补、协同高效的运行机制。事业部整合公司技术和资源，推动分（子）公司间的合作，避免资源浪费，力求公司利益最大化。遵循突出特色、各有侧重、支持创新的原则，指导分（子）公司新能源业务方向，提升油气田地面工程绿色低碳水平，打造科技创新和绿色服务的企业形象。

2022 年，新能源事业部牵头和参与的国家级科研项目成绩斐然，主持多项集团级科研项目，参与制定多项行业标准，专利和技术秘密成果丰硕，培养了一批科研技术人才。事业部通过垂直管理体系，与分公司保持紧密互动，促进项目信息流通和技术交流，新能源业务合同额和技术能力显著提升，具备了多项大型新能源项目的设计和建设能力。

新能源事业部作为公司实施绿色低碳转型和新能源新业务发展的专业管理机构，将充分利用垂直管理体系统筹协调作用，协调发展公司在天然气综合利用、地热、清洁电力等领域的业务能力，为公司绿色低碳转型作出贡献。

案例启示

“善战者，因其势而利导之。”公司两会提出加速建设基业长青的世界一流国际能源工程公司，到 2025 年新能源新业务营收占比继续增大，新能源新业务发展任重而道远。新能源事业部从工程技术研发中心重组而来，代表公司希望新能源新业务发展要以技术推动业务发展，树立科技先行的理念，不仅追求项目业绩，更注重技术含量和盈利能力的提升。

在新能源新业务的赛道上，工程建设企业面临的是一场全新的竞争。要在这场竞赛中保持领先，关键在于顺应发展趋势，灵活应对。我们需要对过往的研究成果和成功案例进行深入总结和提炼，形成可复制、可推广的经验模式，力争在

各个领域竞争中领先半步，以此确保在激烈的市场竞争中始终保持优势，实现常胜不败。

（案例权利人：沈全锋 顾华军 陈情来 李新刚 陈宇 郭超 唐春凤）

研究气体“芯片” 致力开发战略资源

新能源事业部牵头中国石油勘探开发研究院、中国石化研究院以及各大油气田等单位，联合建设中国石油集团公司特种气体技术研发中心，巩固了在特种气体产业技术链中的领先地位。通过积极参与国家级，以及中国科学院、集团公司的特种气体科研项目，承担集团公司特种气体工程项目，在提质增效方面取得了显著成果。

一、成立集团特种气体技术研发中心，奠定发展基础

氦气，作为一种极其重要且极度稀缺的不可再生战略资源，被誉为“气体中的芯片”，在国防军工、航空航天、原子能和高科技产业发展中扮演着不可替代的角色。我国氦气资源品质不佳，产量较低，高度依赖进口，使得氦气成为我国面临的关键“卡脖子”问题。

2021 年 3 月 16 日，集团公司领导到公司调研，提出要求公司拓展天然气产业链，强化特种气体技术研究，以打造具有中国石油特色的特种气体技术品牌。响应这一要求，公司在 3 月 29 日向集团公司提交了成立“中国石油特种气体技术创新中心”的请示。随后，5 月 24 日，公司提交了新的建设方案，该方案由公司牵头，联合勘探开发研究院和西南油气田分公司共同推进特种气体技术中心的建设。经过数月的努力，12 月 15 日，集团公司科技部正式批准成立集团特种气体技术研发中心。

二、建立特种气体生产标准体系，推动产业链技术升级

在“十三五”期间，公司开展了“低含量特种气体回收技术”和“天然气低

温加工联产特种气体工艺技术”的研究，成功研发出适应我国天然气含量特点、拥有自主知识产权的特种气体提取成套技术，成果包括3套工艺包和申报的13项相关专利。鉴于特种气体成本较高，为了实现良好的经济效益，中心对特种气体产业链的关键环节，如富集、粗提、精制等核心技术进行了集中攻关。

近一年来，公司围绕掌握特种气体全流程技术，聚焦关键技术和“卡脖子”技术，整合内外部资源，构建了产研结合、开放共享、协同高效的特种气体技术研发体系，并建立了特种气体生产标准体系。为集团公司在特种气体资源的合理开发和产业链技术的完善升级方面做出了贡献。此外，公司申报并通过了7项新的标准立项，优化提出了5条技术路线，包括膜提浓+LNG富集联产特种气体技术、天然气乙烷回收联产特种气体技术等，并成功攻关了大容量超低温储罐设计与建造技术，以及液氮冷屏+真空绝热的多结构组合保冷技术，形成了120立方米超低温储罐的关键核心制造技术。

三、实现技术攻关与产业应用双轮驱动，推动技术成果转化

公司积极贯彻中央关于加速科技成果向现实生产力转化的号召，以及提升产业链水平的要求，中心在科技攻关的同时，将技术应用于实际项目中，部署天然气综合利用项目，旨在提高我国特种气体产量。以产业需求为导向，推动前沿技术和关键共性技术的成果转化及产业化应用，坚持企业为主体、市场为导向，聚焦重点产业关键技术的协同创新，并推动产学研用合作创新网络的建设。

公司严格按照集团领导的指示要求，执行集团公司特种气体领导小组会议精神和集团公司“十四五”特种气体业务发展工作方案，紧密关注特种气体提取、液化、储运等产业链关键环节，持续深化装备国产化、特种气体工程建设和运维等关键技术的研究。2022年，公司在青海和塔西南的两个天然气综合利用重点项目顺利投产，并成功产出合格特种气体，标志着公司已成为支撑特种气体技术研发和产业化的重要力量。

四、引领特种气体领域创新，打造全产业链人才培养体系

公司已成功承担特种气体相关的国家级课题2项、集团公司课题2项以及中

国科学院课题 1 项，累计获得科研经费约 1.5 亿元人民币。研究成果形成的成套技术和关键装备已在和田河、塔西南、青海尖北气田等天然气综合利用项目中得到应用，推动公司成为天然气综合利用领域的先行者和标准制定者。

同时，公司致力于全面建设特种气体全产业链人才培养体系，以提升优质、高端人才的培养速度和数量。重点强化青年专业带头人和骨干力量的培养，已成功培养出 12～15 名学术水平高、综合素质优良、业绩突出的杰出青年专业和技术带头人，以及约 70 名骨干人才，为公司的持续创新和长远发展奠定了坚实的人才基础。

案例启示

“不畏浮云遮望眼，自缘身在最高层。”企业要想在激烈的市场竞争中脱颖而出，就必须不断提升技术实力，成为行业的技术引领者和标准制定者。只有这样，企业才能掌握行业话语权，提高行业影响力，从而有效占领市场，获得相应的回报和收益。公司通过建立特种气体技术研发中心，已经在特种气体领域取得了显著的技术进步和市场优势。站在技术之巅，引领行业发展。这一举措不仅提升了公司在该领域的技术话语权和市场主动权，还凸显了公司在特种气体技术和工程应用方面的领先地位。

作为集团公司工程建设领域的先锋，公司被赋予了“两个率先”的光荣使命。为了完成这一使命，公司必须继续踔厉奋发、笃行不怠，确保集团公司特种气体技术研发中心的建设和运行管理工作顺利进行。这将为公司提供坚实的技术支持和服务保障，为集团公司在特种气体技术领域打造国家技术策源地和产业链链长企业贡献力量。

（案例权利人：沈全锋　蒲黎明　唐春凤　郭超　李莹珂　王科　顾华军）

构筑产品研发平台 提质增效内生动能

西南分公司（以下简称分公司）长期将深入贯彻科技产业化作为科研价值目标的理念，坚持科研、生产、市场三者的统筹发展。公司成功研发出众多拥有自主知识产权和市场需求的新产品及技术成果，包括橇装化、模块化产品以及气田化学助剂等，推动实现了“技术攻关—技术应用—成果推广”的全过程无缝衔接，使得科技成果转化成为公司业务增长的新动能。

2021 年和 2022 年，分公司在科技成果转化方面取得了显著成绩。其中，页岩气一体化装置、天然气田集输系统一体化集成橇装装置等模块化装置的销售业绩突出，新签科技产品销售合同额显著提升，显著提升了公司的提质增效能力。

一、页岩气平台一体化集成装置，助力页岩气市场开发

针对页岩气开发的独特性，生产阶段通常被划分为早期、中期和末期。每个阶段都有其特定的挑战和需求。2015 年，为了更好地适应这些特点并满足页岩气高效、低成本开发的迫切需求，分公司启动了“页岩气集输及处理装备研发”科研课题。通过课题研究，形成的“页岩气平台一体化集成装置”由“一井式除砂模块、二井式除砂模块、一井式分离模块、两井式分离模块”无缝拼接形成，可采用多种模块拼接，以满足页岩气不同井数、早中末期搬迁需求，最大程度适应页岩气建设生产特点。该成果通过集团公司自主创新产品的申报，成功纳入集团公司自主创新产品目录。

该成果在 2021 年和 2022 年期间，分别应用于 2021 年第一批页岩气高压排采一体化集成装置、某页岩气地面集输工程、某浅层页岩气地面工程（建产期）

EP 项目、某平台 EP 项目等项目，共签订合同 ** 万元。该成果的实施，规范、全面、有效地提高了工程设计及施工速度，确保了地面工程建设质量，实现了页岩气田地面工程低成本、高效环保建设目标，创造了巨大的经济和社会效益，促进了分公司提质增效。

二、攻关乙烷回收技术，成功开发出工艺包打破国外垄断

2018 年，我国新建乙烷制乙烯厂的乙烷原料主要依赖国外进口，而国内天然气中的乙烷却未得到有效回收利用，直接与甲烷混合作为产品天然气供应给用户，导致乙烷资源的巨大浪费。与此同时，我国乙烷回收技术与国外相比存在较大差距，迫切需要进行技术攻关。针对这一情况，分公司依托自立科研项目“100 亿立方米 / 年天然气乙烷回收工艺包研发”，开始研究单列规模 1500 万立方米 / 天的大型天然气乙烷回收技术。通过深入研究，分公司进行了乙烷回收过程的能量分析、换热网络优化、动态模拟分析、工厂长周期稳定运行可靠性分析以及装置安全性分析，提出了“丙烷预冷 + 膨胀制冷 + 双回流”的乙烷回收工艺，并成功开发出了“100 亿立方米 / 年天然气乙烷回收工艺包”。这一成果对于提高我国天然气资源利用率，减少乙烷资源的浪费具有重要意义。

2021 年，该工艺包成功应用于新疆项目中，并签订了《天然气乙烷回收成套工艺包技术项目》技术许可合同，合同金额达到 ** 万元。该工艺包的应用不仅确保了工程顺利投产，还实现了乙烷回收工程 C2 收率 93% 以上，C3+ 收率 99% 以上的要求，有效保障了下游 60 万吨乙烷制乙烯工厂的原料供应。

这一成果的成功实施打破了国外对乙烷回收技术的垄断，标志着公司首例工艺包技术许可合同的签订，拓宽了科技创效的范围，提高了项目的附加收益。分公司的这一突破性成果，对于推动我国乙烷回收技术的发展，提高天然气资源利用率，具有重要的示范和引领作用。

案例启示

“运筹策帷帐之中，决胜于千里之外。”分公司在原有科技产业化管理委员会的基础上成立了科技产业化推进小组，并相继修订和制定了《科技创新和推广应

用考核奖励管理办法》《科技产业化产品评定办法》《科技项目研发成果技术定价管理规定》等规章制度，进一步明确了科技成果转化的发展方向、发展目标和发展战略，细化了科技创效的实施落地和维护方式，促进了创效水平的持续提高。同时，通过产品研发和应用平台的重新构建，突破市场、研发、生产、应用等各环节分割带来的业务发展瓶颈，在新能源业务、天然气净化处理、油气田污水处理、非常规气田开发等技术领域，以工艺包＋核心设备＋药剂等的科技产业化产品研发应用模式，激发出分公司的提质增效内生动能，为中国石油建设基业长青的世界一流综合性国际能源公司注入新的活力。

（案例权利人：张玉明　马艳琳　冯琦　张庆林　曾旸　刘文广　李宇　魏诚）

进军新能源新市场　开辟新利润新增长

北京分公司（以下简称分公司）执行的玉门某光伏项目 2021 年 12 月 27 日投运成功，实现了公司进军新能源市场的“开门红”，为后续新能源项目的承接打下了坚实基础，该项目对公司拓展新能源业务具有重要意义。

面对施工现场条件复杂、工期紧张、施工难度大、疫情反弹、冬季施工以及光伏组件价格上涨等诸多不利因素，分公司迎难而上，积极协调各方资源，实施精细化管理，进行了大量的采购管理协调。针对不同类的设备在合同谈判、采购催交催运、物流运输等环节，制定区别化策略，有效推进了项目进展。从 2022 年 10 月 6 日开工到 12 月 27 日成功并网，顺利实现项目的成功交付。在项目投产后，经多轮谈判，于 2022 年 10 月 28 日与业主单位签署补充协议，增加了总承包合同金额，实现了项目实际执行利润超出预算利润。

一、提前筹划，精心组织，确保施工进度

为贯彻落实国家碳达峰、碳中和重大决策部署，以及集团公司“清洁替代、战略接替、绿色转型”的“三步走”战略，分公司在 2019 年就率先成立新能源业务发展工作室，提前进行了新能源业务的人才和技术储备。该项目中标后，分公司领导担任项目主任，调集精兵强将，制定了三级网络计划，合理统筹工期，通过及时增加人员和优化机械施工方案，根据项目进展调整措施，确保项目按计划推进。

项目实施日会制度，建立工作备忘录，记录第二天的工作任务，每晚各部分工作负责人通报当日完成情况及存在问题，重点讨论问题并追踪解决。EPC 项目

组积极协调各施工单位，确保施工安全与进度。在极端天气挑战下，项目组紧张有序地推进施工，顺利完成螺旋桩施工、光伏支架组件安装、高低压电气安装及升压站设备安装调试等工作，确保后续施工节点如期完成。

二、锁定价格，驻厂催交，确保物资供应

在合同谈判阶段，项目组在得知中标后立即与光伏组件厂家进行谈判，以应对硅料价格的大幅上涨。为了保证项目成本，采用了甲供乙采的方式，由公司确定中标商、单价和分配比例。由于组件供不应求，建议在后续项目中避开并网高峰期，提前生产组件以减少交付压力。

在采购催交催运阶段，催交人员与工厂进行技术交底，收集生产信息，推动工厂提前备料和质量检验。每天核对投料和产出数量，确保交付准确。同时，保持与工厂的沟通，及时解决问题。

在物流阶段，为避免运输过程中组件破损，采用货到现场的方式。在新冠肺炎疫情和冬季冰雪封路的影响下，项目部、组件厂和物流公司协商解决方案，最终通过铁路专列运输组件，确保物资供应。尽管运输时间较长，但每批专列的发货量大，不受疫情和冬季冰雪封路的影响，有效保障了项目现场的物资供应。

三、优化流程，加强管理，确保项目回款进度

本项目采用里程碑节点付款方式，项目组在合同谈判中成功说服业主，加入按工程确认进度申请付款的条款，加速了项目收入的确认和回款。同时，项目组与监理方和业主方建立无缝沟通机制，摸清进度款申请审核和付款审批流程，建立专人跟踪机制，及时解决审批过程中的疑问，缩短审核和审批时间。

对于分包商请款申请，项目组坚持“以收定支”原则，确保项目收入成本平衡，并尽可能及时支付分包商进度款，不影响工程进度。

考虑到项目工期短、每日工程进度高，项目组与监理方和业主方协调，建立了进度证按周办理的机制。项目组可根据工程进度及时提交进度款申请材料，并协调分公司财务按需开具发票，确保项目收入确认和回款进度与工程实际进度基本同步。

四、应对波动，重视变更，确保项目盈利

项目中标后，面临光伏组件价格上涨的风险，项目组在合同谈判中加入相关条款，为可能出现的变更预留空间。在项目执行过程中，项目组注重变更材料的整理，深入研究合同条款，收集支持文件，研究概算价与市场价，并委派专人负责，多次内部讨论，提出保底价、目标价和最优价。

同时，项目组与业主积极沟通变更事宜，充分利用分公司在设计单位中的资源优势，从概算投资构成到使用，再到项目竣工结算审计，向业主解释关键点，力求实现双方共赢。项目组的专业高效和技术能力，以及认真负责的工作态度，建立了良好的客户关系，为项目变更谈判的成功提供了重要助力。

案例启示

"孜孜不倦，必能求索；风尘仆仆，终有归途。"分公司在碳达峰、碳中和大背景下，深挖企业内部潜力，构建核心竞争力，严格精细化管理，狠抓各级概预算，向上积极协调投资上调、与业主签订补充协议增加合同变更索赔；向下提高采购谈判核心竞争力，根据市场价格规律抓住关键设备材料采购契机，积极探索能源项目转型。

针对新能源项目工期紧迫，工程量大的特点，加强项目全周期投资管理，靠前服务，在保证项目成功交付的同时，利用自身优势，追求项目更高的盈利水平。

本项目的成功执行，得益于分公司"一专多元""双核驱动"发展战略指引，标志着业务转型已经迈出了坚实的步伐，为今后新能源市场开发和新能源项目的执行积累了宝贵经验，开辟了分公司新的利润增长点，展现出了分公司在新能源业务领域发展的光明前景。

（案例权利人：马坤　王蓬渤　林品然　卢山　盛冀源　刘闯　陈越楠　梅业伟　吕大海　孙晓龙）

技术创新厚壁压头　推广应用效益显著

第一建设公司（以下简称一建公司）积极开展施工技术创新，在厚板容器制造中，将 4000 吨级超大型压力容器制造技术研究课题中的厚板筒节预弯技术进行改进应用，应用当年，即降本 ** 余万元，今后将会持续产生较大的经济效益。

一、思维创新，推动技术创新

在厚壁容器制造领域，尤其是针对厚度接近 100 毫米的筒体板压头问题，这历来是卷板成型工艺中的一个重大挑战。传统的施工方法是在筒体定尺板的两侧各增加 300 毫米的余量，以供卷板机进行压头操作。卷板成型完成后，再将这 300 毫米的余量切除。这种做法虽然可行，但其最大的弊端是造成了严重的材料浪费。在市场竞争日益激烈的当下，压力容器制造的中标价格不断下滑，而制造成本却一直难以有效降低，因此，通过节约材料来实现降本增效已成为当务之急。面对这一难题，技术团队经过反复论证和试验，打破了传统思维的束缚，大胆创新，最终采用冲压法成功解决了压头技术难题，为行业带来了革命性的进步。

二、科研攻关，研发成果推广使用

技术团队通过反复论证与试验，成功优化了两套基于大型油压机设备优势的压头冲压胎具研制方案。在第一套方案中，上胎采用直径 300 毫米、长度 2000 毫米的圆钢作为滚轴，并用 50 毫米厚的钢板制作立筋，焊接加强筋和上底板后，通过螺栓与油压机连接。下胎由两根 100 毫米圆钢构成，固定在油压机平台上，间距 200 毫米。但试冲压结果显示，圆钢易弯曲变形，压实力度不足，未能形成理想的压头曲率。针对这些问题，第二套方案采用了厚度 80 毫米、宽度 2500 毫米、高度 1500 毫米的钢板制作立筋，并与 50 毫米厚的底板焊接，通过螺栓固定于油压机。立筋接触面倒圆角以防止划伤母材，下胎设计保持不变。在厚壁容器板卷弧前，进行平板状态下的压头冲压，压头从板头向中间弧长约 500 毫米的区域逐步成型，并利用提前制作的筒体内弧样板边冲压边检查曲率。

经过试验与检验，压头成型效果优良，曲率达标，该技术成果已广泛应用于产品制造并得到推广。

三、制造变“智”造，实现降本增效

通过创新的手段，技术团队实现了传统制造方法的智能化升级，显著提升了降本增效的成果。厚壁压头技术已成功应用于某项目的关键设备，包括冷箱保护塔、脱水塔、沉降器、再生器以及焦炭塔等二十多台厚度为 80 毫米至 100 毫米的容器制造中。仅在 2022 年，采用该技术就节省了钢板约 ** 吨，折合人民币 ** 余万元。展望未来，随着该技术的进一步优化和应用，预计将持续带来显著的经济效益。

案例启示

“大创新带来大成就，小创新带来小成就，不创新则无成就。”创新的核心在于突破和创造，它意味着打破旧有的思维模式、传统规则和限制性框架。创新体现为后来者对前辈的超越，将前辈认为不可能实现的事情变为现实。一建公司通过厚壁压头技术创新，突破思维定式，成功将卷板机卷制厚壁压头的“不可能”变为油压机冲压的“可能”，不仅解决了生产需要，而且节约了大量材料，创造了不菲的效益。面对竞争日益激烈的市场环境，迫切需要技术创新来降低成本，从而提高效益，增强企业的市场竞争力。目前，通过厚壁压头技术创新一年多的实践检验，该技术已成功推广到厚壁锥体冲压成型施工中，通过自身技术实力改变了锥体常规卷制成型工艺，提高了大型油压机设备利用率，创造了价值，赢得了市场竞争力，降本增效成果显著。

创新是一场永无止境的孤独长跑。一建公司正以开拓者的精神，重拾艰苦创业的勇气和决心，激发敢于天下先的豪情，不断拓展创新的边界，充实公司的创新灵魂，为实现持续发展和市场领先地位不懈努力。

（案例权利人：黄小军　于成科　梁政　陈维强　张炎　戴强　崔志浩）

案例 43

革新自动焊接技术　优化施工提效降本

第一建设公司（以下简称一建公司）承建的某大型石化工程，涵盖了加氢裂化装置、柴油加氢装置Ⅰ/Ⅱ、航煤加氢装置、焦化石脑油加氢装置等多套关键加氢装置，管道焊接总吋口量达到 ** 万吋（自然吋）。为响应公司深化改革、提质增效的总体要求，项目部在施工技术策划阶段，综合考虑安全、质量、成本等多方面因素，通过加大自动焊接技术的投入、加强科技研发创新，一建公司有效减少了人员投入，优化了施工方法，显著提高了施工效率，实现了提质增效的目标。该项目部因此节省人工成本约 ** 万元，充分展现了技术创新在工程建设中的巨大价值。

一、加大自动焊投入，节省成本显著

在该项目中，面对高压管道材料到货晚且集中的挑战，一建公司在施工高峰期采取了积极措施，累计投入埋弧自动焊机 21 台、数控带锯床和坡口机 5 套，高效完成了 95085 吋的埋弧焊接施工任务。施工范围涵盖了 DN150～DN900 多种管径，以及多种材质。其中，高压厚壁管道总吋口达到 131422 吋，采用自动焊焊接的吋口达到 ** 吋，占比 41.3%，无损检测一次合格率高达 99.19%。

通过应用自动焊接技术，一建公司大幅提升了施工效率，平均一台自动焊机的效率相当于 ** 名手工焊工，从而减少了焊工投入 ** 人，节省人工成本约 ** 万元。这一成绩不仅体现了公司对技术创新的重视，也展现了自动焊接技术在大型工程项目中的显著效益。

二、科技研发助力，提升焊接效率

针对奥氏体不锈钢埋弧焊过程中效率虽高但层间温度控制困难的问题，一建公司项目部联合焊接研究培训中心开展科技研发，成功研制出一套快速拆装、成本低廉且效果显著的奥氏体不锈钢层间温度控制水冷工装。这套工装的运用确保了奥氏体不锈钢埋弧焊的连续作业，与传统淋水降温方法相比，减少了焊接中断时间超过 50%，有效发挥了埋弧自动焊高效率的优势。此外，该项目部已针对该技术申请了一项发明专利，体现了公司在技术创新上的成果，也彰显了其在焊接技术领域的研究实力和应用能力。

三、优化施工方法，体现创新实力

一建公司通过综合优化施工方法，大幅提升了自动焊的应用比例，特别是在部分区域，自动焊预制比例高达总吋口的 60% 以上。为解决大小头等不规则结构的焊接难题，公司通过在小管径侧增加临时短节，实现了同心转动焊接；针对小口径管道，设计了防焊剂滑落的小工装，确保了焊接质量；对于厚壁管道，采用增加临时配重的方法平衡结构重量，以适应自动焊接；针对大管径管道，改造悬臂式自动焊机，升高焊枪及焊剂出口，并增加托辊，有效实现了大管径的埋弧自动焊接。

案例启示

“唯精唯一，允执厥中。”一建公司大力推进“六化”在项目中的实施，自动焊是“工厂化预制”的重要组成部分，自动焊的应用能显著缓解焊工短缺的现状，提高施工效率，降低劳动强度，降低公司施工成本，提高企业市场竞争力。

在项目实施前，一建公司精心策划了三项关键工作，尤其是对科技装备和主要施工方法进行了周密的规划，确保从项目源头进行全面部署，以实现提质增效的目标。科学技术作为第一生产力，公司将继续加大科技研发的投入，确保科技成果能够反哺现场施工，提升工程质量和效率。

展望未来，一建公司应持续关注施工科技的前沿动态，勇于探索和尝试新技术，致力于将公司打造成为一个集科技、智能、创新于一体的工程公司，不断推动企业在科技强企的道路上稳步前行。

（案例权利人：韩廷檀　彭振亚　彭新凯　董浩杰　张凯　刘鹏　罗韬　赵帅帅　向成　孙森芃）

创新推动技术领先　强化成果推广应用

第一建设公司中油检测公司（以下简称检测公司）致力于科技创新，成功将衍射时差法超声检测（TOFD）和相控阵超声检测（PAUT）技术应用于压力管道焊缝的检测领域。在此背景下，在某炼化项目、西气东输管道的某环焊缝质量风险排查开挖复拍项目，以及天然气管道工程的某支线项目，进行了技术推广。

通过这些技术的应用，检测公司显著提高了检测效率，确保了检测结果的准确性，同时大幅降低了劳动强度和项目成本。这项技术的实施，不仅实现了与安装焊接等其他关键工序的同步施工，还为确保项目按期竣工提供了坚实的技术和质量保障，同时增加经济效益约 ** 万元。

一、创新检测技术助力项目高效推进，实现降本与缩短工期

在某炼化项目的化工区装置工艺管线施工中，面临管线密集、检测比例高、检测工作量大的挑战。焊接量的陡增导致交叉作业频繁，高处固定焊口密集，使得有效检测时间缩短，检测效率低下。夜间进行射线高处作业的安全管控压力巨大，这些问题严重制约了项目的交付进度。此外，传统射线检测方法需要大量使用放射源，导致检测成本剧增。

为有效解决这些问题，检测公司提出了以 TOFD 和 PAUT 为核心的绿色检测技术，辅以手动超声和表面检测，以替代传统的射线检测方法。这一变更方案在获得建设单位和设计单位的同意后，检测公司按照相关标准要求，设计、制作和采购了对比试块、模拟试块、探头、楔块、扫查架及其他配件，并对检测工艺进行了反复验证。

在 120 万吨 / 年乙烯、80 万吨 / 年苯乙烯、80 万吨 / 年全密度乙烯、50 万

吨/年聚丙烯等装置的后期施工中，检测公司大量推广了这一技术。通过采用TOFD方法，共检测焊缝1494米；采用PAUT方法，共检测焊口1198道。检测范围覆盖了管径DN50毫米～DN1900毫米、壁厚6～30.96毫米的管道，为项目的顺利交付和投产提供了可靠的质量保障和工期保障。

与传统放射源射线检测相比，采用TOFD和PAUT方法直接减少了成本约**万元，同时人工费用降低了约30%，工期缩短了近50%，显著提升了项目的经济效益和施工效率。

二、应用检测技术助力西气东输管道安全，实现提效和高效复检

通过在西气东输郑州分公司管道某环焊缝质量风险排查项目中的杰出表现，以及检测公司在TOFD、PAUT检测技术方面的长期科技研发积累的优势，西气东输郑州分公司决定将2022年度开挖后需TOFD+PAUT复检验证的焊口，以及以PAUT方法为主的B型套管修复的检测任务，全部委托给检测公司实施。通过精确的TOFD+PAUT复检验证，检测公司准确识别了在役管道焊口缺陷的位置、长度、深度及自身高度，为管道适用性评价单位提供了精确可靠的数据。此次复检验证共完成焊口28道，增加经济效益约**万元。

对于经适用性评价后必须加装B型套管修复的焊口，检测公司面临特级动火作业同步检测的挑战，这对缺陷检出率和检测一次成功率提出了极高的要求。为此，检测公司专门定制了同规格、同材质、同焊接工艺的角焊缝模拟试块，对PAUT工艺仿真软件进行了验证，这也是检测公司首次将PAUT技术应用于加垫板的厚壁对接焊缝和角焊缝中。经过专业技术人员的不懈努力和检测工艺的持续改进，检测公司按期圆满完成了检测任务，确保了B型套管对接焊缝和角焊缝的质量，及时消除了安全隐患，保障了国家能源动脉管线的安全平稳运行。B型套筒PAUT检测共完成**处，增加经济效益约**万元，进一步提升了建设单位、监理单位、修复单位对检测工作质量的认可。

三、首次大规模应用于天然气管道工程，解决低温和确保质量

在天然气管道工程某支线的建设中，需要100%PAUT检测，对于壁厚超过8毫米的焊口增加TOFD检测，这也是检测公司首次在长输管道上大规模应用

PAUT 和 TOFD 检测技术。依托多年的科技攻关成果，检测公司结合长输管道的特殊检测标准要求，精心制作并采购了专用对比试块、模拟试块、专用探头、专用楔块、扫查器等设备。在极端低温至 −30℃的环境下，检测公司通过多次实验，成功采用防冻液解决了耦合及重复利用的问题，确保了检测的顺利进行。同时，为克服电池在低温环境下耗电快的问题，检测过程中增加了备用电池，有效保证了检测质量。检测所获得的图谱质量和评定准确性均顺利通过了第四方复评单位及国家管网集团工程质量监督检验公司的严格验收。此次创新检测技术的应用，不仅提高了检测效率和质量，还增加了经济效益约 ** 万元，为天然气管道工程的安全可靠运行提供了坚实保障。

案例启示

“机智者，先机也；智者，慧也；创者，新也。”技术领先不仅是公司所属各专业化单位的重要支撑，更是推动经营发展、降低成本、提高效率、增加效益的根本要求。正如党的二十大报告中提出的“科技是第一生产力、人才是第一资源、创新是第一动力”，在目前国内无损检测机构众多、同质化不良竞争激烈的情况下，检测公司深刻认识到，唯有紧跟行业前沿技术和新装备的智能化、自动化发展趋势，不懈地进行新技术攻关和研发，不断提升技术水平，才能在市场竞争中占据先机。通过推行以知识价值为导向的激励政策，有效激发了技术、技能人才的创新活力和技能提升热情，确保了人才队伍的持续发展。这些措施不仅孕育了企业的核心竞争力，也为业务拓展、提质增效和市场竞争提供了坚实保障。

此案例昭示，企业须坚守科技创新之路，将人才视为发展的基石，不断创新激励机制，以维持技术领先地位。唯有如此，企业方能在激烈的市场竞争中稳如磐石，实现长远发展。

（案例权利人：李松　杨鹏　张海武　王业民　唐建华　陈庆灾）

落地“六化”措施　科技引领创新创效

第七建设公司揭阳分公司（以下简称揭阳分公司）承揽了某石化炼化项目中常减压装置、延迟焦化装置、芳烃联合装置、蜡油加氢处理装置、公用工程等23个主项单元。分公司成立初期，按照公司对“六化”（标准化设计、工厂化预制、模块化施工、机械化作业、信息化管理、数字化交付）工作的相关要求，揭阳分公司结合项目特点，对这六个方面进行了深入研究和策划，最终聚焦于信息化管理、机械化作业和模块化施工三个方面，以提升项目效率和质量。揭阳分公司不仅有效降低了项目成本，还缩短了建设工期4个月，减少了人力投入。这些措施的实施显著提升了产品质量，确保项目在质量和效率上达到了高标准。

一、信息化管理与机械化作业相结合，实现工艺管道高效施工与经济节约

揭阳分公司不仅成功推广了雅扬焊接信息管理平台，将其应用范围扩展到多个装置、多个专业和多个部室，而且在工艺管道施工中实现了现场高标准自动化生产线与软件的完美结合。这一创新举措显著提高了自动化水平和预制标准，使得软件在工艺管道施工中发挥了关键的推进作用。

此外，揭阳分公司还自主研发了一套厚壁管道低损耗率排版预制技术，该技术在管道安装过程中大幅降低了管道的损耗和现场机具的投入。这项成果在2022年被工程建设协会鉴定为“总体成果国内先进，其中低损耗率排版技术国内领先”的先进成果。采用该成果进行管道排版预制施工，在延迟焦化和蜡油加氢处理装置中，节约了管料，直接经济投入也有所节约，深度预制配合自动焊生产线总共减少人工370个，节约资金 ** 万元。

二、“六化”与“模块化施工”高效融合，打造高质量工程典范与领先地位

在“六化”和“模块化施工”方面，揭阳分公司以高质量、高标准完成了延迟焦化装置四塔双炉焦炭塔框架、蜡油加氢处理装置的两台加热炉，以及芳香烃联合装置的多台大型塔器的模块化施工任务。公司汲取过往项目经验，结合该石化项目实际施工任务，编制了施工计划及方案，精确指导各类型模块化施工流程，并完成了阶段性目标。在施工过程中，收集各类型模块化施工相关影像资料，并结合施工方案形成了模块化施工技术总结。

对大型塔器模块化施工的地面组合部分进行深化，发表了《浅析亚洲最大单体塔器保温施工方法》和《亚洲最大抽余液塔附塔管线试压方法》两篇论文，并制定了《焦炭塔框架模块化施工工法》《箱式加热炉模块化施工工法》《大型塔器模块化施工工法》三部工法。根据模块化施工的作业流程特点及施工难点，揭阳分公司还制定了《模块化施工管理细则》。

蜡油加氢装置项目部策划并成功实施了加热炉整体安装方案，实现了所有零部件一次性整体安装的新突破。这项技术成果不仅形成了省部级科技成果，并被鉴定为国内先进，其创新点在于采用整体预制 + 海陆联运 + 整体顶升成套技术，自主研发高度调节工装和增高工装 +SPMT 系统，解决了加热炉滚装和就位时的高度不足问题，实现了平稳高效安装。这一技术减少了现场作业，提高了作业安全，并大幅节约了施工成本，相比以往现场加热炉安装节省了约 2120 人工 / 日。

在延迟焦化装置Ⅱ建设战役中，焦炭塔框架的模块化施工作业成为一场至关重要的“翻身仗”。作为焦化装置的核心设备，焦炭塔框架的施工难度巨大，是里程碑式的内容。项目部经过精心组织和比对，结合揭阳分公司丰富的吊装资源和三一重工公司新型 900 吨轻重混合臂吊车在 160 米出杆的最优异性能，实现了深度模块化预制及安装，在 45 天内超预期完成了“13+3 吊”施工任务。

模块化钢结构安装相比传统的“散件拼接”或“分片分段”安装，显著节约了 900 吨履带吊的台班、人工成本，直接减少了约 ** 万元的成本投入，其先进性和经济性在国内同类施工中处于领先地位。

三、以“六化”创新引领工程优化，实现施工突破与取得科技成果

通过预制场的设立，减少了现场空间需求和交叉作业，提升了工期和安全性。钢结构信息化管理、模块化施工、深化设计和成品供货等创新措施减少了现场工序，降低了高空作业风险，节省了人力，实现了经济效益和工程质量的双重提升。此外，塔器、容器和超大超限设备的异地化模块化施工减少了后期高处作业，提高了施工质量和场地利用率，同时有效控制了工期和造价。蜡油加氢装置的两台加热炉通过整体模块化施工和海运，实现了新突破。

自 2020 年起，揭阳分公司在“六化”科技创优领域取得了显著成就，技术团队不断涌现出高精尖技术人才，并积极总结经验。截至 2022 年 7 月，揭阳分公司已获得 4 项省部级鉴定成果、1 项省部级 QC 成果三等奖、1 项公司级“六化”成果、2 篇公司级优秀论文、2 项公司级科技进步奖、1 项公司级五小成果，以及 12 项第七建设公司级技术总结奖和 3 项先进科技成果推广奖。此外，在项目收尾阶段，揭阳分公司仍有 2 项科技成果将参与省部级鉴定，展现出持续的创新活力。

案例启示

“工欲善其事，必先利其器。”近年来，随着科技的发展，对工程建设的要求除了安全可靠和多快好省之外，又增加了智能、绿色、效益等更高的要求。通过“六化”在施工企业的灵活应用，可以降低工程投资，缩短建设周期，提高建设质量，进一步能够提升建设效率和盈利能力，增强市场竞争力，这是企业创新驱动的生动体现。

“人才是创新发展的根本保证。”揭阳分公司深知人才的重要性，通过重点项目加大人才培养力度，为员工提供成长空间和平台，使人才成为推动企业发展的强大动力，为公司创造可观的经济效益。

（案例权利人：王志东　付恒　孟翔宇　张益权　杨中良　王吉　罗伟锋　张振霖　史鹏飞）

采用双面同步焊接 高效降本革新典范

第七建设公司任丘项目部（以下简称项目部）在某 LNG 项目中采用双面氩弧焊方法焊接不锈钢 LNG 储罐。该方法安排两个焊工在焊缝内外两侧同时进行氩弧焊焊接作业，焊接过程中无须另行充氩保护。新技术的采用，减小了焊接变形，提高了施工质量和工作效能率，对缩短工期、降低施工成本起到了积极作用。

一、对比双面焊与单面焊施工工艺，解析效率提升与成本节约优势

目前常用的施工工艺是单面焊，就是焊工在壁板一侧施焊，焊缝二次成型。而双面焊是指两名焊工在壁板两侧同时同步施焊，焊缝一次成型的施工工艺。单面焊施工工艺主要用在管道焊接、碳钢储罐的壁板焊接，优点是施工工艺成熟，容易掌握，难度小；缺点是不锈钢板背面充氩保护困难，采用免充氩焊丝焊接成本高，焊缝内外两侧受热不均匀变形大，焊缝背面修磨工作量大增加施工成本。相比之下，双面焊施工工艺的优点是两名焊工内外侧同步施焊，焊缝两侧受热均匀，焊接变形小，不锈钢板两侧同步施焊使背面始终处于充氩保护，焊接效率高，可采用普通不锈钢焊丝，施工成本低。不过，双面焊的实施也面临挑战，如两名焊工需要一定的磨合时间以确保同步性，施工队必须具备强大的组织能力，一次性调动足够的焊工和焊接设备，并且对焊缝组对的要求更为严格。

二、革新双面氩弧焊技术，高效焊接不锈钢 LNG 储罐，实现提质降本

在当前的不锈钢储罐安装中，氩弧焊双面焊工艺尚未得到普遍应用和推

广，主要面临的难点包括以下两点。首先，双面焊工艺对壁板坡口的加工精度要求极高。在本项目的 LNG 不锈钢储罐施工中，所有壁板坡口均采用机械加工，由长期合作的加工厂完成。该加工厂拥有一套完整的管理体系，能够确保坡口加工的质量。这与传统储罐施工中现场加工坡口的做法相比，避免了现场环境、作业面限制和施工人员下料和加工水平参差不齐的问题，从而在组对时能够更好地保证对口间隙的一致性。其次，施工观念的转变也是一个挑战。传统上，焊工在进行储罐施工时习惯于分段施焊，每人负责一段。而采用双面焊工艺则需要两名焊工相互配合，这对焊工的习惯和技能都提出了新的要求。任何一方的失误都可能导致整条焊缝检测不合格，因此，焊工之间的协调和配合至关重要。

为了克服单面焊接中应力不均导致的焊接变形和焊缝背面氩气保护问题，我们在 LNG 不锈钢储罐的施工中采用了双人双面同步氩弧焊技术。通过两名焊工在内外两侧同时同步施焊，确保了焊缝两侧受热均匀，有效减少了温度梯度，从而显著降低了焊接变形。在传统的氩弧焊焊接不锈钢板过程中，焊缝背面的保护通常依赖于药芯焊丝或 TGF 自保护焊丝。而本项目通过精确控制焊缝两侧焊工的焊接间隔距离，使得使用普通光杆焊丝也能在无须特殊保护措施的情况下，达到背面保护的效果，这不仅提高了焊接质量，也降低了施工成本。

三、高效应用施工技术，大幅降低项目成本与工期，实现节约成效

项目部通过采用双面同步氩弧焊施工技术，取消了焊接过程中的充氩保护工序和焊缝背面打磨工序，显著提升了作业效率并减少了工程投入，总计节约成本约 ** 万元。具体节约措施包括：减少背面清根人员约 ** 工日，从而节约人工费 ** 万元；使用纯度高、储存量大的杜瓦氩气瓶，并通过多瓶并联和外置汽化器的方式，满足了多名焊工的连续使用需求，避免了焊接中断，提高了工效约 20%，节约人工费约 ** 万元；该技术实现了焊缝全焊透，无须背面打磨，提升了工作效率并缩短了施工工期，与常规焊接方法相比，节约工期约 ** 天，项目综合成本降低约 15%，节约费用约 ** 万元；此外，采用普通不锈钢焊丝替代

TGF 自保护焊丝，每公斤节约焊材费 ** 元左右，整台 LNG 罐节约焊材费用达 ** 万元。

案例启示

“唯变所适，革故鼎新。”在安装行业整体利润下滑、电焊工人工成本上升的背景下，创新是提质增效的关键。案例启示，只有通过对施工方法的不断优化和创新，特别是对传统施工方法的持续改进，才能有效降低施工成本，提升企业效益。

创新之路，是一条永无止境的探索之路。在这条路上，我们不能满足于表面的尝试，也不能在遇到困难时轻易放弃。必须打破思维定式，拓宽视野，勇于开拓未知领域，从“跟随他人脚步”转变为“开辟新路径”。通过搭建项目技术攻关、质量创优、QC 成果交流的平台，激发了技术人员创新的热情，为企业的科技进步积蓄了强大动力。

实践证明，通过探索新工法、拓展新思路，不仅能够提高施工效率，还能有效降低成本。工法创新不仅是提升竞争力的手段，更是推动安装行业转型升级的重要途径。

（案例权利人：王杰五　姚家宾　刘进森　刚家星）

立足管道数字信息　吹响创新发展号角

华东环境岩土分公司（以下简称分公司）自主研发了以数字化油气站场信息管理系统为代表的站内管道 3D 可视化管理（三维可视化管理）系列技术，并成功实现科研成果向现实生产力的转换。该成果连续在站内管道数据恢复项目中应用，近两年累计为创造经济效益约 ** 万元，为促进分公司测绘地理信息板块业务高质量的发展，作出重要贡献。

一、创新突破传统管理，精细化监控与风险防控策略

随着油气站场运行时间的增加，站内工艺管道泄漏风险也越来越高，站内工艺管道的管理越来越受到重视。目前，国内管道公司普遍以管段为最小管理单元建立台账开展检测排查，但是管理对象未细化至逐个焊缝及管件，且历史检测信息也无法有效追查和利用。如何对海量的焊缝、管件进行排查和管理没有现成的管理方案可循，常规的以管段为最小管理单元的管理方式，已无法满足站内工艺管道精细化管理的需要，亟须从技术上和管理上进行创新和突破，以解决目前油气管道站场焊缝及管件存在的各类缺陷隐患，避免管道事故的发生。

站内工艺管道的管理需求正逐步从粗放转向精细，从管段延伸至每一个焊缝、三通等管件。现有的二维台账式管理颗粒度过粗，无法精确描述管件的具体空间位置，尤其是埋地管道和管件，导致检测结果与单线图配合使用复杂，信息化程度低，历史检测信息难以有效利用，为管道风险的持续监控排查带来诸多不便。因此，二维台账式管理已不适应海量管件精细化管理的需求。

针对油气管道管理企业的实际需求，结合“智能管道、智慧管网”的发展目标，以及信息技术的飞速发展，必须从技术和管理的角度进行创新，以满足站内

工艺管道的精细化管理。通过充分应用地理信息、三维建模、工业物联网等先进技术，推动站场管道及设备设施管理业务的数字化、可视化、智能化，已成为未来发展的必然趋势。

二、创新研发信息化管理系统，降本增效显著获多项殊荣

分公司根据集团公司的总体部署和自身专业特点，确立了大力推动信息化转型发展的战略思路。以公司级科研课题为契机，创新研发了“中油 GIS”（地理信息管理系统）地理信息平台。并在此基础上，为解决油气管理企业亟待解决的数据管理问题，升级研发了“数字化油气站场信息管理系统”，形成了以积木式三维建模技术、焊缝单体化管理、使用维护便捷、GIS 空间分析功能强大、贴近站场运维实际业务需求等为亮点的站内管道管理方案。

业主最终选择分公司的“数字化油气站场信息管理系统”作为其站内管道管理的信息化工具，对其原有设备设施管理系统进行 3D 可视化升级，完成了从以管段为最小管理单元的二维台账式管理，向以焊缝为最小管理单元的三维可视化管理的管理升维。据统计，在 3D 可视化管理模式帮助下，业主仅在减少焊缝重复开挖检测一项，就节约成本 ** 万元。

围绕站内管道 3D 可视化管理技术，分公司共申请软件著作权 10 余项，获得行业内、省部级、公司级荣誉奖项 10 余项，推动完成软件企业、软件产品的双软认证，成功获得高新技术企业认证。

三、助力业主站场高效管理，推动市场认可与业务拓展

分公司开发的数字化油气站场信息管理系统成功应用在业主多座油气站场数据恢复项目中，涵盖压气站、输油站和油库等类型，不仅为业主创造巨大效益，也为分公司近两年增效 ** 万元。在上述项目中，该软件通过全面收集管理相关属性信息，极大降低了站内管道管理成本、提高了站内管道管理效率。

该系统建立了一个能快速提供真实准确的空间资源信息环境平台，并能进行综合可视化分析和辅助设计等操作，实现对基础设施的精细化管理，保证站场生产运营更高效、运行更安全，为高效的管理和规划提供可靠的决策依据，符合智慧管道和智慧站场建设要求，推动提升了站场完整性管理水平，为国民经济动脉

的安全平稳运行起到了保驾护航的作用。

系统以创建的站内管道数据收集标准为依托，以其积木式三维建模技术、焊缝单体化管理、使用维护便捷、GIS 空间分析功能强大、贴近站场运维实际业务需求等特点为亮点。经过大量站场的实践验证表明，具备很高的市场应用推广价值。

站内管道 3D 可视化业务的成功应用，打响了分公司在三维数字化技术应用领域的市场知名度，受到了广泛的关注，引来业主完整性系统 3D 可视化项目组、公司数字孪生项目组等主动联系，进行技术交流和走访调研，表示出进一步在站内管道 3D 可视化方面的合作意向。同时，数字化业务的发展也加深了与业主方的互惠合作，带动了传统测绘业务的市场开发。

案例启示

“惟保守也，故永旧；惟进取也，故日新。”随着技术提升和行业变革，测绘地理信息行业也发生了天翻地覆的变化。传统的工程测量在当今市场形势下市场严重萎缩和竞争加剧。为了突破发展瓶颈，企业必须紧跟信息时代的步伐，加快技术创新和装备升级，推动科研创新转型。

实现高质量发展，必须依靠创新驱动的内涵型增长。企业要大力提升自主创新能力，尽快突破关键核心技术，这是关系发展全局的重大问题。在新的市场形势下，根据企业自身特点，迅速确定创新发展目标，这是关乎企业长远发展的关键。

创新不是一蹴而就之事，创新的过程需要资金、人员和时间的投入，可能会遇到技术瓶颈和意想不到的挑战，甚至面临短期的经营压力的考验。创新成果的转换应用至关重要，在确定创新发展目标之初，要全面调研和慎重分析，充分结合自身特点和市场需求，以期达到“以研带产、以产促研”的良性发展模式。

（案例权利人：张林杰　刘鹏　张彪　张医钦　韩珍珍　段雅萍）

探索管理模式创新 着力谋划创新途径

广东石化项目部（以下简称项目部）面对台风暴雨频频袭扰、疫情限制人员流动、集团公司批复工程概算偏紧、材料物资涨价、成本压力剧增的严峻形势等外部环境不利形势，着力将提质增效工作与EPC项目建设无缝对接，探索提质增效的创新路径，科学谋划国内EPC项目管理新模式，全面推行“六化”管理，积累了智慧化工厂建设实践经验，建立了公司国内炼化一体化工程EPC项目管理的知识库，形成了一套以“班子管总、系统主建、区域主战”为总体原则，以“六化”管理为建设模式的国内EPC项目综合管理体系，培养了一批国内EPC项目管理优秀人才。

一、科学构建“六化”模式，高标准助力高质量

项目部坚持实事求是、因地制宜的原则，科学合理地推行“六化”管理，是将传统设计施工作业方式推向现代化规模生产方式转变的关键。通过“六化”管理不仅可以充分释放出设计、采购、预制、施工一体化的叠加效应，还显著提高整个项目的管控质量和运行效率。

具体而言，在广东石化项目实施工程中，项目部以标准化设计为龙头，按照“宜模则模，宜撬则撬”原则，对管道、钢结构、设备、塔（容）器、模橇块等工厂化预制，实施加热炉、大型钢结构、成套设备、小型橇装设备的模块化制造，有效减少现场交叉作业。还加大外部工厂预制和模块化建设深度，实现异地和现场协同作战，最大限度为现场节省空间和时间。最大限度实现规模化和集约化采购，降低采购成本。搭建覆盖项目全生命周期的项目管理信息化平台；全面

配合总体设计院，完成了项目数字化交付工作，实现了智能化工厂建设目标。

二、创新激活“六化”动能，向创新驱动要效益

标准化设计提质。按照总体设计院标准，设计统一规定，组织和推动各设计单位做好标准化设计工作，编制了28个专业和152个专项的详细设计统一规定，实现了各专业设计、配置要求、建筑风格、可视化管理的统一，将流程、平面、安装全部标准化，形成标准化图纸和文件，减少重复性设计工作，提高设计质量。实现统一设计平台、统一设计基础和设计文件深度、统一材料编码等，为工厂化预制和模块化施工奠定良好基础。

规模化采购提势。面对项目建设范围内工艺设备材料数量多、业务量大等特点，项目部通过集中采购，以量换价，在原材料上涨的不利局面下，提前筹划，发挥公司整体优势，签署了130个框架采购技术协议，设备归类集采与采取公开招标同时对比，盘活各供应商之间的相互竞争，与零散采购相比，节约资金约 ** 万元。电仪设备依据采购方案实行公开招标采购，签订框架协议；对计量设备进行质量管控，实施集团库内公开招标，相比零散采购，节约资金约 ** 万元。

工厂化预制提效。现场预制厂、外部专业制造商和公司内部预制工厂分工协作，提高工厂化预制深度，最大程度减少现场施工工作量。所有塔器、容器、换热器等，在满足超限运输的条件下，全部采用模块化、撬装化制造。易变形的钢结构全部在厂外进行异地工厂化制造，最大程度为现场节省了空间和时间，减少了现场施工工程量，提高了安全质量，降低了安全风险。各类钢结构框架、管廊、平台、梯子实现工厂化预制率100%；工艺管道工厂化预制深度达到60%以上；塔器容器设备分整体和分段预制，工厂化预制率100%。

模块化建设提速。全面建立模块化施工作业流程，加热炉、余热锅炉模块化施工率100%；蜡油加氢加热炉为异地整体工厂化预制，现场模块化整体安装钢框架、管廊等；催化器为分段异地工厂化预制，现场按照吊装方案进行分段模块化吊装；塔器等非现场组焊立式设备，在不影响吊装的情况下，100%实行就地“穿衣戴帽”整体吊装；设备框架、管廊等钢结构分片、分块安装达到100%；小型动静设备模橇块施工率100%。

信息化管理协同。通过持续开发和充分应用项目信息管理系统，实现了设计、采购、施工、移交的上下对接和过程管控，实现了“启动、策划、执行、监控、关闭”全生命周期的数字化、规范化管理；将项目全部业务审批流程实现电子化操作，通过手机客户端，可随时随地实现线上审批，减少审批时间，提高工作效率，实现无纸化办公，为数字化交付提供保障；与业主单位、分包商管理平台深度融合，开发出符合项目设计、采购、施工进度测量和计划管理的模块，利用数据线上交互，信息共享，高效实现了进度检测和纠偏管理。

数字化交付转型。三维外操培训、工厂生产运营、设备维护、工厂管理等系统的集成，构建了贯穿工厂全生命周期的智能化应用；消防器材位置、消防车行车路线、救护路线等全面集成相关系统和数据源，为应急指挥和演练提供第一手资料和信息。全装置、全专业的数字化交付，为业主建设智能化工厂提供了良好的基础平台，为指挥决策提供支撑。

案例启示

“路漫漫其修远兮，吾将上下而求索。”在项目建设过程中，总会遇到各种难题，如何运用管理方法破题，是管理者必备的素质，而创新正式是应对环境变化，提高企业核心竞争力，破解发展矛盾和问题的最佳选择，将创新发展作为驱动，与提质增效行动有机结合，必然会创造出更大的价值。

项目部通过提质增效活动，运用“六化”管理模式，实现了一体化的项目运作，加快了项目建设速度，发挥了总承包商各种资源优势，强化了项目全过程的专业化管理，最大限度地控制了项目风险，为加快建设基业长青的世界一流国际能源工程公司提供了宝贵的经验。

（案例权利人：侯可军　雷波　查理　徐岳林　安鑫　张蕴智　杨岳　孙勇　崔韬）

管理协调深度融合　设计优化降低成本

由哈萨克斯坦分公司（以下简称分公司）承建的哈南线某压气站扩容项目参与方众多，且设计文件审批交付流程复杂，若项目设计管理和协调不到位，将会严重影响下一步采购和施工的顺利实施。在项目实施过程中，分公司严格落实公司设计管理与设计优化会议精神，认真抓好设计与 EPC 一体化融合指导意见落地生根，大力推广设计与采购、施工一体化融合的典型做法，在项目进度、成本、质量等控制上取得了显著成效，积极推动提质增效活动顺利开展。

一、加强设计管理，促进设计与采购、施工一体化深度融合

在项目设计阶段，分公司安排负责设计的副总经理亲自带队，与项目设计、采购、专业技术人员等 5 人常驻设计院，与西南分公司设计专业人员联合办公，加强与各专业设计人员之间的沟通协调，深度参与项目设计方案的审查、优化，及时解决设计、采购和施工之间存在的问题。同时西南分公司各专业设计人员也深度参与项目的设备、大宗材料等采购的技术评标、技术支持和技术澄清工作，严格把好采购物资技术、设备接口以及工作界面的关口，确保物资采购合同中有关质量技术保证条款、标准执行以及监造形式等关键环节落实到位。

在项目实施过程中，西南分公司先后安排 6 名专业设计人员融入该压气站项目设计部，其中设计经理担任项目设计部副经理，共同承担项目设计管理和协调工作。在哈国阿拉木图共同协调设计转化院批复设计文件，详细设计工作于 2022 年 6 月 8 日顺利关闭。根据现场施工需要，西南分公司安排 2 名专业设计人员常驻项目施工现场，与承包商共同协调和解决现场施工中遇到的设计问题，

有效保证了设计质量，提高了施工效率。

在项目设计初期，西南分公司专业设计人员和项目部共同参与压缩机组三个潜在供应商的谈判过程，并签订了技术协议。根据压缩机厂家提供的初步信息，结合自身项目经验，对设计文件进行分批提交管理计划。第一时间提交采购技术文件，配合项目部与供应商进行技术澄清，缩短了采购节点。项目设计中后期，配合项目部数十次催促、审查、澄清压缩机厂家资料，“短平快”地配合开展所有设备采购技术支持工作。在施工现场发现遗漏问题时，与项目部采购、施工部门共同研究确定方案、即刻提出增补材料计划。这样的设计与采购、施工一体化深度融合，为确保项目工期创造了良好条件。

二、开展设计优化，推进设计与采购、施工一体化有效融合

针对该压气站扩容项目，分公司在项目工程设计任务委托书中增加“设计优化成果共享分配”附件，从设计优化奖励、设计成果提前交付、库存工程物资利用、配合 EPC 索赔工作、配合任务分配方开展项目报优五个方面与西南分公司商定设计优化考核和奖励机制，明确了考核标准和设计优化成果的共享额度。

在项目设计初期，项目部组织西南分公司进行设计优化的前期策划，设计优化覆盖了项目设计全部专业，列出 20 项优化内容，并在项目设计过程中同步实施。根据项目实际情况，共完成设计优化 12 项，通过设计优化，有效利用了库存工程物资，减少了多台设备材料的采购，同时也极大提高了项目设计、采购和施工总体进度，增加了站场设备运行的安全性能，节省投资达 ** 万元。

三、试行数字化交付，助力设计与采购、施工一体化融合提升

该压气站扩容项目作为海外项目数字化交付的试点，采用国际通用的 CFIHOS 标准，即国际通用资产密集型设施信息移交规范，为业主 / 运行方、总承包商及各参建方、厂家提供信息互通基础，构建互用性数字生态。通过标准化提升数据传递效率、降低沟通成本，提升项目设计、采购和施工建设质量。根据项目实际情况，编制了 8 项交付管理规定奠定项目数据基础，并以此规定指导项

目数字化交付的实施。

通过数字化交付平台能够便捷地查看模型属性，进行模型快速搜索与定位，查看模型通过位号关联的信息，按照视点定位模型，提高项目管理及业务人员项目信息查询效率，能够更快、更准地了解项目总体进展情况。

同时，通过数字化交付平台还开展了设计、采购及施工进度可视化管理，推动项目整体进度的衔接及优化。通过项目总体进度、施工进度、采购进度、设计进度等直观地了解项目的建设进度，追踪项目延迟部分，分析问题原因，从而有效推动项目的整体进展。

案例启示

“众人拾柴火焰高。”设计与采购、施工一体化融合是EPC总承包项目降低成本、提高功效的重要手段，是提高海外项目执行力的有效措施。设计工作是整个项目的最前端，是EPC项目的龙头，只有做到设计与采购、施工的有效融合才能实现项目利益的最大化。

近年来，分公司在设计管理方面积极探索和总结，在激发设计人员的内生动力、充分发挥设计在EPC全产业链中的龙头引领与支撑作用等方面形成一定的经验和做法。今后，分公司将在设计、采购、施工全流程上进一步优化，充分发挥以设计为龙头的总承包优势，以及该方面积极探索，形成一套适合分公司、可推广复制的设计管理模式，进一步助力提质增效工作。

（案例权利人：李明　王利锋　王珏　黄韬　周军　付仲伟　石中强　张超）

孕育特色数智转型 提升合规管理效果

中东地区公司（以下简称地区公司）通过项目管理平台再造的实践，深刻地认识到若欲在未来复杂的市场竞争环境中得以生存和发展，势必要未雨绸缪、因地制宜地在“数智化转型”上下功夫。让数据“动起来”，将合规“融进来”，使效率“飙上来”，致管理“细起来”，业绩才能“红起来”。正是将项目管理平台的“适用性、实用性、严谨性、合规性和易用性”作为系统建设的宗旨，通过近两年探索和实践，地区公司在统一标准化管理、实现业财一体化、提升合规管理效果、降低内控风险和提升国际化水平等方面取得可喜成就。

一、架构设计不盲目，短板分析重中之重

（一）“标准化”必先行

在思索系统架构和蓝图规划阶段，地区公司多次深入研讨和头脑风暴，经过缜密分析后，内部最大的共识就是当前传统的项目管理模式中，存在较强的主观性和随意性，距离实现“精细化管理”还有较长的路要走，当前无法做到在业务执行过程中的所有细节步步有据可依。这对于项目执行中涉及的人力资源优化、工作效率提升、成本控制、项目质量提升和与国际接轨等方面都有所制约。

认清形势后，地区公司决定先从各业务的标准化入手，把目前已经识别出来且具备标准统一的各项工作进行整合，逐步推动现有各类程序文件持续完善。将标准化后的业务指标和工作流程作为项目管理平台的开发基础，进而将执行具体业务所需的各项功能通过代码实现，最终形成一个管理相对精细、数据统计口径一致且具备可分析性的数据库。经过结构化数据积累，项目管理平台的价值将会

显著体现。各级管理人员随时随地根据需要，找到最新、准确的数据。数据经过再加工，可形成统计和分析结果，从而管理者可得迅速获得有信心、可信度高的结果，用以辅助决策。

（二）"活数据"是灵魂

经过对项目管理平台基础版的研究后，地区公司发现系统中的功能覆盖面足够广，但缺乏业务间的"勾稽关系"，这就是典型的"数据孤岛"现象。主要原因是各业务领域人员在系统规划阶段的需求是分别实施的，导致数据重复录入，降低了系统的价值。地区公司果断将项目管理平台的改造重点放在"数据联动"上，主旨将"数据孤岛"盘活，让数据"流动"起来。

二、业务对接全覆盖，逐步打磨扫障碍

（一）通用功能开路，用户初感领悟

地区公司意识到，如果员工积极性不高，收集到的业务需求可能会敷衍了事，影响系统建设质量。因此，采取了"培养好奇心"与"案例体验"结合的方式来提升员工的积极性。首先，导入所有员工的基本信息到系统中，建立人员信息库。然后，将常用的人力资源管理表单（如休假审批表、出差申请表等）移植到系统中，虽然这一阶段尚未考虑数据勾稽问题。选择这些表单是因为它们适用面广、使用频率高且逻辑简单。

系统上线后，员工无须手工录入大量信息，而是通过"点选"操作完成。预设的审批流程也让申请人免去了跑腿签批的麻烦，节约了时间。这些简单的逻辑和操作在系统建设初期产生了深远的影响，减少了员工的手工录入量，简化了签批流程，并迫使各级领导登录系统进行审核，从而提高了系统使用率。当员工体验到这些便捷后，对系统建设的积极性明显提升，为后续功能的开发打下了坚实的基础。

（二）专业功能注入，系统全面兼顾

在完成岗位和流程标准化后，系统核心要素人员和流程变得清晰，减少了冗余信息。基于这个"骨架"，地区公司逐步填充各专业领域的业务功能，使每个模块功能逐步完善。在业务功能开发过程中，采取"边开发边试用、成熟一个

功能上线一个功能、使用中不断优化”的方法。这种方式让更多用户在不同阶段都能体验系统，保持对系统开发的关注。用户在正式系统中操作、发现问题、优化，增强了操作的真实感和对系统的重视，使得发现的问题更具针对性和实用性。通过反复打磨，功能更加贴合业务实际需求，成为真正的量身定做。

三、可靠数据最重要，辅助决策才有效

信息化管理平台的价值依赖于基层数据的可靠性，而这又取决于企业内控管理的严格性。地区公司的项目管理平台从业务合规性出发，其数据勾稽逻辑严密，实现了业务数据的“流转”并最终到达财务端结束，有效降低了数据重复录入、错误、人为干预和逻辑颠倒的概率。此外，该平台增强了合规管理的效果，为未来的数字化监督算法模型和决策模型构建提供了坚实的数据基础。尽管如此，地区公司仍需持续积累数据和经验，以充分发挥项目管理平台的“辅助决策”价值。

案例启示

“明者因时而变，知者随事而制。”在国际市场竞争日益激烈的当下，企业管理者必须摒弃固有的思维模式，灵活调整经营策略以适应时代变化、环境变迁和事物特点。借助“合身”的信息化管理工具，企业可以获得准确、及时的信息支持，优化流程和资源利用，改善内部协作和客户关系，控制成本并提高效率，为决策提供科学依据。信息系统已成为现代企业提升竞争力和管理效能的关键工具。

结合管理者的智慧，信息化管理能够实现事半功倍、省力高效的效果，使企业在未来的挑战和机遇中更加游刃有余，取得更大的成功。

（案例权利人：张友森　王国青　吴建军　董广哲　郑慧琪　卢利民　刘海英）

5

CHAPTER

第五篇

坚持精进至善　夯实价值底座　增强长期价值

践行央企责任担当 勇攀低温装备高峰

第七建设公司装备制造分公司（以下简称制造分公司）成功研发并制造的首台 120 立方米超低温储罐，在经过中科院理化所、中国工业气体工业协会、中国特检院等权威机构专家团队的严格实地测试与验收后，获得了高度认可。该储罐在各项性能测试中表现卓越，其性能指标不仅达到了国内先进水平，而且不逊色于国际市场上的同类产品，特别是与美国、德国等发达国家同类产品相比肩，为我国深冷设备制造业开辟了新的市场蓝海，并为公司拓展新业务、提高市场份额提供了强有力的技术支撑。

一、锚定攀登目标，攻克大容量储罐制造难题，助力液化气体产业升级

120 立方米超低温储罐作为液化气体工厂、集散中心和储备基地标配的关键设备之一，它在确保工厂整体工艺流程的稳定性、提升产品存储能力、缩短超低温介质运输装车时间、降低产品损耗和能耗等方面扮演着至关重要的角色。特别是在国内氦气安全保障方面，其重要性更是不容忽视。然而，大容量超低温储罐的设计与制造面临着一系列技术挑战，如罐体跨距大、温差形变显著、支撑结构复杂、绝热优化难度大等问题。国内在大型超低温储罐的设计和制造领域经验不足，这严重制约了相关产业的发展。相比之下，国外低温液化气储存和运输容器经过近百年的发展，目前主要采用高真空多层绝热结构，这种结构的容器具有优异的绝热性能、较小的真空夹层、较少的外罐用料、较小的占用空间，并且由于其技术含量高，利润也更为丰厚。高真空多层绝热容器在国外能够广泛应用的关

键在于其制造工艺的成熟。

因此，掌握成套的制造工艺是实现大型超低温储罐国产化的关键。超低温储罐的制造任务艰巨，不容有失。为此，制造分公司设定了“小目标”，首先攻克低温 LNG 储罐的制造难题。公司申请立项了《液化天然气技术对标及发展趋势研究》《小型 LNG 气化站橇装化设计制造技术研究》《大型 LNG 模块工厂化预制技术》等多个低温技术研发课题。在研发初期，课题组面对一台 50 立方米的 LNG 储罐抽真空长达半年的问题，从材料、工艺、储罐结构、施工设备等方面逐个排查分析，经历了一次次的失败和坚持，最终成功攻克了低温 LNG 储罐的制造难题，并在此过程中实现了技术积累和团队锻炼。

二、奋斗者自立自强，打造超低温装备制造基地，实现核心技术攻关

为解决超低温产业链中的技术难题，制造分公司量身定制了超低温装备制造基地。研发团队采用自主研发技术攻关为主，与中科院理化所等科研院所合作为辅的方式，不断探索核心技术、攻克技术难题。

为确保超低温储罐的质量，从材料采购、建造到性能测试严格把控：原材料需具备完整的质量证明、合格证和标识，经复验满足 4K 温区欧盟相关标准的要求；建造过程中，采用激光切割钢板、清洁不锈钢卷板机卷圆筒体，实施无坡口自融焊接技术以减少焊材用量，并在恒温恒湿洁净房中快速完成绝热施工，专利工装解决套装难题，快速安装组件并采用氩弧焊接，随后进行无损检测和冷冲击、耐压试验；检漏工艺科学，漏率严格把控；采用先进抽真空技术保障绝热性能；静态蒸发率试验结果优于任务书；工厂内高纯度净化储罐，满足现场测试要求；性能合格后进行防腐处理，标识清晰，并采取保护措施确保运输安全。

在面临国外技术封锁和国内基础条件薄弱的双重挑战下，超低温储罐的研发背景显得尤为严峻。当时，国内在钢板、钢管、焊材、阀门、仪表等关键材料的生产上毫无业绩，情形类似于当年大庆油田的会战。面对这一困境，研发团队不畏艰难，勇敢地承担起这一重任，从零基础出发，展开探索与创新。他们夜以继

日地工作，最终在短短 3 个月内完成了大罐主体的制造，并在接下来的 1 个月内完成了所有测试工作，不仅比原计划提前了 12 个月，而且储罐的各项性能指标均超过了计划任务书的标准，展现了我国在超低温储罐领域的技术突破和自主研发能力。

三、勇于创新和担当，超低温储罐技术研发成功，助力行业标准化发展

在成功完成 1 台 2.4 立方米试验罐的制造并实现优异性能测试的基础上，团队进一步优化了 120 立方米储罐的关键技术参数和制造方案。首先，储罐的制造和夹层抽真空工作顺利完成，各项检测指标均达到任务书要求。液氮测试结果显示，即使在低温辅助装置未启用的情况下，所研发的超低温储罐整体性能已超过任务书要求 8 倍；启用低温辅助装置后，储罐性能有望进一步提升。国内超低温领域的权威专家在制造分公司对测试结果进行了现场见证，并一致认为测试结果超出任务书指标，同意通过测试验收。此外，团队已申请相关技术发明专利 10 项，并立项了超低温容器的设计、制造行业标准及团体标准 5 项，为国内超低温容器的制造、认证和使用提供了重要标准依据。未来计划将 120 立方米储罐运至项目现场进行测试，并在其他大型提氦项目和储备基地推广该技术，以实现更广泛的应用。

案例启示

"敢为天下先。"敢为人先是石油人无畏勇气源自深厚的爱国情怀，当外部极限施压威胁到国家安全时，迎难而上是唯一的选择。通过大型超低温储罐项目的研发，制造分公司不仅掌握了成套建造技术，还总结提炼了关键工序施工工法，积累了数十条宝贵的经验和教训。产品研发的成功，其深远意义不仅在于成为行业标准的执行者，更在于成为标准的制定者，这使公司跃升至行业领军的特殊地位，为后续系列产品的开发奠定了坚实的基础。

这一案例得到启示，面对挑战，勇于创新和担当，不仅能够突破技术瓶

颈，更能够引领行业发展，还能推动行业提质增效，实现从跟随到引领的华丽转变。

（案例权利人：李建江　任林昌　葛学强）

全员动手查改隐患　预防事故降本增效

中油（新疆）工程公司（以下简称新疆公司）为践行“关口前移、重心下沉”安全管理理念，弥补“严格监督”阶段现场安全监督人员数量和精力不足的缺陷，结合管理需要，策划建立了界面简单、方便操作的“全员查隐患系统”，发动并培养全员参与“查隐患”活动，充实了现场专职安全监督；与此同时将查隐患过程作为“全员隐患知识培训”的有效手段，达到了隐患知识培训和对隐患意识提升的效果。

一、坚持“四原则”，高效安全

“全员查隐患 App”是现场专职安全监督的一种有效补充，是一种非专业性的工具，开发建立始终保持“有用、好用、简洁、实用”，坚持“四原则”。

少投入原则，利用个人手机设备，减少对专用设备的依赖；易操作原则，确保界面友好、操作简便，便于所有员工快速掌握；及时奖励原则，通过奖励机制激发员工的积极性；快速学习原则，通过举报和整改过程中的互动学习，以及通过扫描二维码获取知识，实现即时学习。

本着“四原则”，全员查隐患系统最终形成了包括安卓手机 App、苹果手机 App、微信公众号共 3 种登录方式，包括隐患举报功能、隐患类型趋势预警分析、工作事项临期提示功能、自动生成处罚单功能、监督人员工作助手模块，以及查询统计功能等。最终形成的系统包括手机移动端 App、微信公众号、PC 端后台统计等主要部分。基于这些原则，全员查隐患系统最终设计出了包括安卓手机 App、苹果手机 App、微信公众号在内的三种登录方式，提供了隐患举报功能、隐患类型趋势预警分析、工作事项临期提示功能、自动生成处罚单功能、监督人员工作助手模块，以及查询统计功能等。

手机移动端 App、微信公众号隐患举报模块，实现隐患描述、审核、责任确定、整改确认、举报人奖励、整改验证和查询等功能。PC 端后台系统涵盖基础管理、系统管理、隐患管理等九大功能模块，用于人员导入、权限分配、隐患信息管理等。此外，系统还包含《使用及考核细则》《系统使用手册》和高危作业风险识别及防范措施牌的二维码。

二、试点先行，稳步实施

基于此，新疆公司采取对举报人实施奖励、将 App 使用纳入项目开工条件、自动推送处罚单等，以全面推广该系统。2021 年，系统共举报整改隐患 ** 条；2022 年，尽管受到新型冠状病毒感染疫情的影响，系统仍成功举报整改隐患 ** 条。

2022 年 4 月 6 日，新疆公司领导在安全生产大检查部署会议上，提出在公司范围内推广应用全员查隐患 App，并由安全环保处牵头，新疆公司配合分阶段推进。

三、注重实际，效果明显

通过“全员查隐患”系统，每年节约近 ** 条隐患的人力资源成本，相当于一个中型以上监督机构的发现量。该系统促使近 6000 人参与隐患举报，提高了隐患知识培训的广泛性和效果。非专职安全管理人员举报近 1/3 的隐患，显著提高了各级管理人员的责任感和对专业监督人员提出的隐患的接受度。

该系统促进了安全管理责任的落实，通过每周考核周期内必须举报的隐患数量，确保项目各级管理人员全面履行安全管理职责。同时，系统有效预防了轻微和严重事故，为公司带来了显著的经济和社会效益。

系统在公司的广泛应用树立了良好的企业形象，吸引了分包商、业主代表和监理人员的使用，进一步提升了公司对安全管理的重视。公司计划继续推广该系统，以在更广泛的范围内树立“全员重视安全，打造特色风险防控体系”的良好形象，实现安全管理与提质增效的双重目标。

案例启示

“蝼蚁之穴，可以溃堤千里。”这句话深刻揭示了从隐患到事故的预防之道。安全工作中，小小的隐患往往引发惨痛的事故，无数血与泪的教训都反复证明了这一点。“安全是最大的效益，事故是最大的成本”，防范事故的方法和手段很多，其中最有效的方法之一就是尽可能查改隐患。而“全员查隐患 App”提供了很好的方法和手段，它不仅可以方便快捷地查改隐患，还可以系统全面地统计分析隐患发生的趋势，实现事先预警，有效防范趋势性问题和隐患居高不下等问题，为有效减少现场隐患起到了积极作用。

“全员查隐患”实际上就是我们倡导的“时时讲安全，处处讲安全，事事讲安全”的充分体现。App 的使用，让隐患排查等安全工作举措真正落实到工作的每一个环节，实现了安全工作“天天抓、时时抓、长期抓、反复抓”的要求。

当前，公司上下正认真贯彻落实集团公司“四全四查”工作要求，全面推行“三个一切”的安全管理思想和“两个一半”的管理举措，持续深化风险管控，全面落实作业现场安全“网格化、小属地”管理。全员查隐患 App 的推广应用，可助力全员属地责任的落实，对加强全员“风险隐患排查、措施制订整改、应急底线处置、总结固化提升”四种能力建设，将起到积极作用。

（案例权利人：黄鹤　颜新淮　李和平　孙胜利　秦亮　王伟　张国华）

夯基筑实信用基础　数字化助推竞争力

中油（新疆）工程公司（以下简称新疆公司）在市场竞争中牢牢把握发展主动权，通过掌握并研究各类信用平台企业信息评价标准，发挥自身优势，挖掘自身潜力，积极关注企业信用建设与提升，努力创造条件提升企业信用评价得分，并有效应用在市政建筑市场投标加分中。经过全员联动为市场开发竞争助力续航，2022 年市政建筑市场新签合同额实现新突破。

一、数字化之升级，搭建平台，构建监管机制

随着建筑市场数字化建设不断完善，新疆公司深入推进信用记录和信用报告在房屋建筑和市政工程招投标工作中的应用。此举旨在通过实施“守信激励、失信惩戒”机制，促进建筑市场各方主体知信、用信、守信，科学发挥招标投标在配置市场公共资源中的竞争作用。通过努力，相应的监督平台快速搭建完成，构建以信用为基础、贯穿招标投标活动全生命周期、衔接标前标中标后各环节的新型监管机制。通过全国信用信息共享平台、公共资源交易平台和“信用中国”网站，实现信用数据共享。新疆公司积极推动信用信息在工程建设招标投标领域中的合理规范应用，市场也在不断强化信用评价结果在招投标中的应用。

二、知信之重要，快速响应，助力市场开发

对外界市场环境变化的掌握和迅速反应是做好市场开发工作的必要条件之一，只有在瞬息万变的市场环境中准确识变、科学应变、主动求变，才能在市场竞争中占据一席之地。新疆公司紧跟市场形势需求及变化，深知企业信用行为在项目投标中的重要性，在新疆建筑市场信用平台搭建之初，积极通过各种手段提

高本企业在各平台上信用评分，从而提升企业在投标中的竞争力。近两年来，新疆公司油建分公司派遣了 7 名员工参加了 3 次企业信用评价培训，深入学习并研究各类信用平台的企业信息评价标准。各类信用平台得分名列前茅，为建筑市政项目投标在评标定标环节创造有利条件，2022 年建筑、市政板块参与投标 32 个，成功中标项目 7 项，涉及合同金额达到 ** 万元。

三、用信之紧迫，群策群力，提升信用评分

2022 年，新疆维吾尔自治区建设厅“新疆工程建设云”和克拉玛依市建设局“克拉玛依市建筑市场信用平台”都进行了提升，同时也对信用评价标准进行了部分调整。作为石油企业，新的建筑市场赋分标准对新疆公司并无优势可言。同时，多个重点市政项目投标在即，激烈的市场竞争态势促使竞争对手在克拉玛依市建筑市场信用平台的信用评分突然提升，面对信用评分相对下降的不利局面，油建分公司紧急组织各部门负责人、相关单位市场开发负责人召开会议。通过头脑风暴、群策群力，研究分析新疆公司在信用评价中能够提升的空间，并将任务分解下去。

各部门、各单位积极响应配合，挖掘不同业务领域优势，仅用不到 10 天的时间，将新疆公司在该平台的信用得分情况从第五名提升至第一名，为后续项目投标中标提供了强有力的保障。2022 年度，新疆公司在自治区“新疆工程建设云”平台上目信用评分 97 分，荣获“AA”级企业；在克拉玛依市建筑市场信用平台上，信用评分 121 分，荣获“AAA”级企业；在信合联服平台，荣获“AAA”级企业。

四、守信之长远，持续推进，形成长效机制

新疆公司建筑市政市场主要在克拉玛依市及疆内，如何确保信用得分长期领先，在建筑市政市场开发发挥关键作用，是下一步重点工作任务。油建分公司将持续开展企业信用维护工作，通过梳理各类平台评价标准、分解任务明确责任，应用信息化手段提前预警，依据评价标准创调价，制定考核奖惩机制等，促进新疆公司在各类信用平台的良好应用，同时也能够提升企业综合实力，为做好市场开发工作创造有利局面。

案例启示

“磨刀不误砍柴工。”全员参与是基础，全员提质增效是关键，持续拓展竞争优势，这是市场开发工作的长远之计。提升工作水平，增强信用价值，我们不仅要在理念上重视顶层设计的核心地位，更要在实践中进行周密部署，通过点、线、面的全面推动，充分发挥企业信用这张“金名片”的作用。塑造企业良好的综合形象，增强企业综合竞争力，为市场开发的稳步前行提供坚实保障。这一案例告诉我们，持之以恒地优化企业信用体系，是推动市场开发成功的基石。

（案例权利人：黄鹏　胡静　范静）

深化三项制度改革　激发全员创效潜能

2021—2022 年，面对新冠肺炎疫情全球蔓延，对海外单位生产经营造成严重冲击，阿姆河区域西部气田项目人力资源工作面临严峻挑战。土库曼斯坦分公司（以下简称分公司）坚持系统思维和问题导向，深化三项制度改革，充分平衡人力供给、成本管控、队伍稳定和疫情防控四个方面相互冲突的因素，实现了人力资源有力供给、人工成本有效管控、员工队伍有序稳定，为项目顺利执行提供了坚强组织人才保障，人均创效潜能大幅提升。

一、四大难题困扰项目进展，分析困局

阿姆河区域西部气田项目实施过程中遭遇四大挑战。第一，人力资源严重不足，因无接替项目，用工人数大幅削减，难以满足建设需求；第二，人工成本管控难度增加，土国最低工资标准持续上调，导致成本压力激增；第三，员工队伍稳定性面临高风险，疫情延长倒班周期，中方员工长期无法休假，影响团队稳定；第四，疫情防控压力巨大，项目营地位置偏远，人力资源各环节均面临疫情挑战，工作难度显著提高。

二、以三项制度改革为刃，高效破局

针对上述“四大难”问题，分公司秉持系统思维，通过深化三项制度改革积极应对，具体措施包括以下四个方面。

（一）深化机构改革，精简人员编制

自 2021 年起，分公司不断优化组织结构和管控模式，实现分公司机关与阿姆河区域项目部的一体化管理。通过大部制改革，将项目部所属部门纳入机关业

务部门管理，形成清晰的业务链条和流畅的管理流程。在矩阵式管理框架下，取消分（子）项目部的专门组织机构，实现人、财、物的统一调配，有效提升了资源统筹管控能力。改革后，分公司机关部门数量由 11 个减少至 9 个，直属机构全部撤销，总定员压减 12.50%，中方定员压减 20.83%，确保了机构的精干与高效运作。

（二）加强队伍建设，提升全员素质

为提升干部管理水平，制定《中层干部管理程序》，确立选用标准，丰富选拔方式，并建立选拔任用全流程记录制度。秉持“以奋斗者为本”原则，重视一线项目人才培养，已晋升 9 名西部气田项目优秀人才至中层，激励员工士气。完善员工培训制度，实施学分制教育，培训成果纳入绩效，常态开展“大讲堂”和“小课堂”，累计活动超 200 场，营造学习氛围。借鉴岗位改革经验，推进土方岗位体系改革，设立四大岗位序列，畅通员工成长路径。发布《土方专业人才培养方案》，选拔 54 名后备人才，实施专项培养计划，推行导师制，完善激励措施，促进人力资源本土化，支撑项目发展。

（三）优化考核机制，激发人才活力

经过三轮精心修订，我们不断优化绩效考核管理程序，逐步建立了以方针目标管理为基础的绩效考核体系。年初，组织开展关键业绩指标的深入分解，确保指标的科学性和实际贴合度。创新性地推行预考核评价机制，构建了一个综合考虑指标难度、贡献度和完成度的考评体系，有效规避了考核中的“晕轮效应”和“近因效应”等常见误区，克服了主观主义“打印象分”的倾向，保障了考核的公平性与公正性。持续加强考核结果的应用力度，将考核结果与薪酬分配、岗位变动紧密挂钩，同时赋予部门负责人一定的奖金分配自主权，充分调动其管理积极性和主动性。通过组织考核结果的公示和反馈，我们逐步转变了绩效考核仅用于奖金分配的传统观念，推动各部门发现差距、补齐短板、提升绩效，形成了完整的管理闭环。

得益于上述考核激励机制的深入实施，分公司的干部员工在凝聚力、执行力和战斗力方面均实现了显著提升。

（四）严控用工规模，确保成本受控

科学编制项目全生命周期用工计划，确保人力供给。项目初期和高峰期加快招聘，投产后实施减员计划，将指标分解至各部门，确保目标实现。动态调整用工规模，有效控制人工成本，西部气田项目用工和外派人员数量均低于东部气田一期。为应对管理后移，推行“宽岗位”政策，发挥员工“一专多能”优势，充分挖掘人力资源潜能。

通过上述改革措施，分公司有效克服了西部气田项目执行面临的“四大难”问题，有效支撑项目进展，实现提前两个半月投产，刷新了公司在土工程建设的历史纪录。随着三项制度改革持续深化，分公司人均创效能力持续提升，2021—2022 年经营业绩位居公司海外单位前列。

案例启示

“厚此薄彼，顾此失彼。”提质增效工作是一个系统工程，要坚持系统思维和问题导向，综合施策，统筹推进，久久为功，方见成效，切不可偏于一隅，厚此薄彼，顾此失彼。抓好人力资源领域提质增效工作，必须贯彻“以奋斗者为本”的理念，本着实事求是的原则，科学合理制定人力资源规划，坚持“精机构、控规模、强激励、提素质、稳队伍”多措并举、齐头并进，树立提质与增效并重、提质甚于增效的理念，深挖自身管理体制机制方面的问题和短板，通过机制改革、优化调整等手段，提高机构运行效率，激发全员创效潜能，避免成本控制忽视实际需求、体制机制矛盾和员工利益，确保均衡发展。

（案例权利人：周帅平　潘旭鹏　师常达　童心　孙昊　文嘉麒）

智力支撑人才强企　以“智”提质增效

2022 年，中东地区公司（以下简称地区公司）以三项制度改革为动力，深入贯彻落实公司人才强企工程实施方案，着力在人力资源体系顶层设计、干部人才梯队建设、薪酬分配与考核激励、用工当地化与国际化等方面下功夫，扎实推进人力资源精细化管理工作，为提质增效专项工作再上新台阶提供智力支撑和人才保障。

一、持续优化顶层设计，健全完善人力资源管理体系

（一）优化调整人力资源政策体系

全年共制 / 修订 10 项管理程序，其中，干部管理方面，修订《中东地区公司中层管理人员任用管理程序》；绩效考核方面，制定《中东地区公司本部职能部门绩效考核管理程序》《中东地区公司关键岗位人员考评管理程序》，修订《中东地区公司中方员工考评管理程序》；薪酬分配方面，修订《中东地区公司年终兑现奖分配管理程序》；人才培养方面，制定《中东地区公司专业复合型员工培养管理暂行规定》；中方员工管理方面，制定《中东地区公司国内长驻人员管理暂行规定》，修订《中东地区公司员工居家办公管理程序》；外籍员工管理方面，修订《中东地区公司国际员工管理政策手册》；决策机制方面，修订《中东地区公司人力资源委员会管理程序》。人力资源管理制度体系不断完善，为三项制度改革走深走实奠定了坚实的政策基础。

（二）着力构建精简高效组织体系

持续探索、优化地区公司本部和项目部组织管控模式。打造以迪拜为中心、

北京和伊拉克鲁迈拉为两翼的“中心带两翼”本部组织管理架构。国内常驻和居家办公人员以“共性业务集约、共性人员共享”为原则，打破部门和项目部、国内与国外界限，将相同或相近岗位、人员和业务划归同一业务组，对其进行统一管理和差异化考评。2022 年，共确定国内长驻人员 21 人，既做实北京国内支持服务基地功能，又有效落实公司海外中方人员和部分业务有序国内回撤要求。同时，达到了“强化人力资源共享，提高效率效能，降低运行成本”的既定目标，地区公司“中心带两翼”组织管理模式平稳落地。

二、立足长远统筹规划，强化干部人才队伍建设

（一）培育中青年干部队伍接续力量

深入挖掘地区公司现有空缺中层管理岗位及新中标项目中层管理岗位潜力，加快优秀中青年干部培养选拔。全年新提拔聘任 35 周岁及以下占比 22.85%，40 周岁及以下占比 65.71%，地区公司干部年龄和专业结构进一步优化。

（二）锻造“一专多能”的复合型人才阶梯队伍

牢固树立“人才是第一资源，没有人才一切归零”的人才理念，紧扣地区公司发展需要，拓展人才培养方式，建立专业复合型人才培养机制。出台《中东地区公司专业复合型员工培养管理暂行规定》，按照员工个人成长与企业发展共赢原则，以主、辅岗模式实施专业复合型员工培养项目，采取年度考核加分、职务晋升优先等激励措施，鼓励员工积极参与，引导部分员工向能力综合型发展，逐步提升员工个体竞争实力，专业复合型培养计划有序实施。通过此举，稳步为地区公司锻造一批具备国际化水平的“多面手、全面手”，为打造高效、精干的组织体系奠定了人才保障。

（三）强化应届毕业生培养工作

根据公司应届毕业生培养总体安排，结合地区公司优化人才专业结构需要，为应届毕业生配备“双导师”，统一制定总部见习锻炼、海外轮岗见习锻炼、综合素质提升和职业能力培养四个阶段的全周期培养计划，建立全过程培养和跟踪评价体系，确保培养目标落实落地，为毕业生独立高效工作、增强毕业生海外适应和融入能力奠定坚实基础。

三、以价值创造为根本，充分激活考核分配的导向作用

（一）强化绩效考核，为高质量发展提供“助推器”

全面贯彻以价值创造为根本，以绩效贡献为基准，打造定性与定量相结合，以定量为主、定性为辅的考评指标体系，形成组织经营绩效、团队管理绩效和个人工作绩效一体化的全方位、全过程和全覆盖的绩效考核体系。强化绩效结果应用，实现考核结果与薪酬、干部选用、评先、培训、使用等各环节硬挂钩，考核指挥棒的导向与激励和约束作用十分明显，员工干事创业的潜力和热情进一步激发。

（二）深化薪酬制度改革，坚决破除分配平均主义

优化完善年终兑现奖分配政策，重新确立员工收入、奖金兑现与全员考核相互协同的差异化薪酬与精准化考核配套体系。首先是年度效益奖分配与经营绩效、组织绩效和个人绩效考核结果全面挂钩联动，突出业绩贡献在薪酬分配中的决定性作用；其次是坚持差异化、专业化、精准化原则，设立相关奖励，强化对特定领域、特殊贡献群体精准激励；还有是进一步下放年终兑现奖二次、三次分配权，赋予本部部门、项目部效益奖再分配权限，充分发挥内部二级单位在评价与兑现方面的主体作用，实现效益奖励真正流向作用明显、贡献突出群体，合理拉开员工分配差距，真正落实多劳多得的价值分配导向。

2022 年考核与分配深度挂钩，进一步拉大、拉开中方员工效益奖兑现差距，真正做到奖勤罚懒、奖优罚劣。

四、加强跨文化融合，提升用工当地化与国际化水平

（一）目标引领，抓实抓细伊拉克用工属地化工作

坚持“统筹规划、分步实施、理性推进、注重长效”的原则，按照“一个目标、两个依托、三位一体、四个统一”的工作思路，全面推进伊拉克用工当地化各项工作。一是深入研究伊拉克劳动法规和各地区的特别规定，总结典型经验和方法，修订完善伊拉克当地雇员管理办法，确保制度的适用性和合法性。二是注重长期发展，加强当地管理与技术人员的培养，并通过优秀员工评选、绩效考核

等机制激发员工个人成就感。三是加大培训投入，常态化举办当地雇员汉语培训和中方员工阿语培训，推广第一建设公司“师带徒”、考试定级、中外搭配等创新实践。四是创新奖惩机制，通过优秀员工评选、颁发荣誉证书、召开表彰会等形式激发员工个人成就感，通过绩效考核评价将物质奖励向优秀人才倾斜。五是加强政企和社企关系建设，通过定期邀请政府部门答疑解惑、当地捐助、解决当地就业等方式，融洽各方关系。六是建立依法合规的当地员工退出机制，实现项目规模变化与当地用工规模变化同步。

（二）文化引领，加快推进国际员工管理与国际市场接轨

以建设开放、包容、国际化的外籍员工管理文化，给予国际员工公平的聘任、使用和发展机会，增强国际员工对企业的认同感和归属感。通过组织外籍员工访谈，了解并优化了外籍员工管理政策体系，包括人才引进、职业晋升、培训发展和薪酬激励等方面，以增强员工与企业间的互动与互信。此外，举办了基础汉语及中国文化培训班，促进了中外员工的互信和融合。还以绩效考核为手段，加大了对国际员工的激励力度，实现了职务晋升和调薪，优化了中层管理岗位的外籍化比例和结构，提升了国际员工的积极性和稳定性。

（三）多措并举，稳步提升用工国际化和当地化水平

首先，加强人力资源配置管控，优先招聘和使用外籍员工，全年共招聘 106 名国际员工；其次，强化人工成本预算管理，严格人事费用率考核，反向倒逼项目部调整中外用工结构；再者，改进人均创利考核办法，鼓励加大外籍员工使用力度；最后，引导中方分包单位开展第三国劳务分包合作，降低成本，增强市场竞争力。2022 年，地区公司全口径用工当地化率为 63.68%、用工国际化率为 70.49%，超额完成“十四五”规划的阶段性目标。

案例启示

“国无才国贫，国无才国弱。”这句名言深刻揭示了人才对于国家发展的重要性。在企业层面，人才同样是核心竞争力的重要组成部分。优秀人才不仅是先进生产力和先进文化的创造者，更是企业持续发展的关键。正如管理大师所言，

“把我的资金和设备全部拿走，只要留下我的员工，几年后，我仍然能创造出今天这样一个伟大的企业。”这句话强调了人才对于企业长远发展的决定性作用。

人才强企是企业发展的核心战略。为了实现这一战略目标，企业需要大力实施人才开发与培养专项工程，全面提升人才的价值。通过深化“引、育、用、留”人才发展机制改革，企业能够培育造就高端人才、稳定壮大关键人才、激活用好现有人才、战略储备接替人才、加快引进紧缺人才。这些措施将构建强大的人才优势，支撑企业建设成为基业长青的世界一流国际能源工程公司。

（案例权利人：张友森　陶志宏　于洋　李英强　梁俊熙　解佳　赵来顺　戴鑫）

重塑人力资源结构 科学优化控本提效

企业的人工成本管控不仅需要关注投入的总额，更应重视投入的质量。质量的提升能够显著促进人事效能的增强。基于近几年积累的经验和深入的数据分析，阿穆尔分公司（以下简称分公司）在组织层面和员工层面进行了分层次的调整和优化，针对中方员工和当地雇员的不同特点，分类别制定了相应的管理措施。分公司通过人才培养计划和考核激励机制的辅助，有效提升了人员效能和全员素质。经过不懈努力，分公司不仅实现了人工成本的深层次压降，而且保持了人员团队的高效与强韧发展。

一、优化组织结构，提升管理效能

分公司针对部门业务划分进行了细致的优化调整，成功完成了组织机构和定岗定员调整方案的编制，并已顺利通过公司的审议。在主合同的工作量界面调整中，合同类型由原先的设计、采购和施工合同更改为设计、采购合同，意味着施工协议生效后，将按照公司组织机构规范要求，结合项目的实际情况和需求，依照新的方案进行操作。在实施分公司与项目部合署办公、一体化运行管理模式后，原有的 14 个职能部门经过调整合并为 10 个，定员数优化减少了 32.66%，同时完成了部门职责的修订工作。调整后的部门进行了内部整合，对业务流程及部分岗位进行了优化，推广了“一岗多责、一专多能”的工作模式，有效提升了管理效能，为分公司的减员增效、瘦身强体战略提供了坚实的基础。

二、加强员工分类管理，筑牢合规发展屏障

（一）优化中方管理措施，减员增效与成本优化双管齐下

落实分流减员，优化人员结构。分公司稳步推进减员和人员分流的工作。2022 年员工平均人数 480 人，较上年同期减少 170 人。通过每月分析人工成本数据，及时预判和报告，实现成本管控。2022 年分公司发生人工成本较上年同期减少。其中，中方、国际雇员和当地人工成本都相应减少。

分公司推动中方人员回国轮休，非必要人员后移，减少海外中方员工，实施远程办公。组织完成中方人员境外工作和休假计划，与各部门审核对接，确保最大限度地压控国外中方人员。2022 年，较上年同期国外中方月平均人数减少 16.78 人。为确保全年目标实现，分公司按月公布各部门完成情况，做好监督工作。

降低劳务签工资，减少非必要成本。为在俄罗斯劳务合同期内的中方境外人员，办理带薪年休假，避免了离职未休假补偿的支付。同时每月开始执行不规律无薪事假，减少非必要支出。

（二）优化当地团队，提升管理效率与成本控制成效

精简当地员工队伍，以提高管理水平和运营效率。通过制定并执行当地雇员压减计划，2022 年成功减少多名管理岗位、服务操作岗位员工，超额完成 2022 年减员计划。

同时，分公司制定了带薪年休假计划，有效控制了未休假补偿的发放。通过提前预警和每月督查，确保了休假计划的执行，2022 年各部门休假计划执行率平均达到 58% 以上，节约了未休假补偿费用。此外，分公司积极响应俄罗斯社保退款政策，及时申报资料，获得社保局退款。在人事管理方面，分公司加强了风控措施，通过调整合同类型和引入劳务派遣方案，有效规避了合同纠纷和劳动监察风险，提升了员工的工作积极性和合同管理的规范性。

三、建设高素质专业队伍，提升科学化考核水平

分公司始终将人才队伍素质提升和考核激励视为项目成本压降的关键保障措施。近年来，分公司选拔了 3 名优秀青年人才加入新能源项目研发团队，并通过

两级联动机制加速培养，以适应能源转型需求。组织中外员工参与培训共计 276 人次，内容覆盖质量管理、HSE 管理、人力资源管理等多个专业领域，旨在促进人才的全面发展。

与此同时，分公司加强了考核激励机制，以提高考核的实际效果，助力成本控制。根据分公司工作会的部署，确保了工作目标的有效分解和任务责任的逐级落实。完成了年度任务绩效考核指标的编制，重点优化了绩效考核体系，补充了针对国外人员压减和休假计划执行的考核细则等约束性指标。将这些指标的完成情况纳入各部门的考核评价中，确保了人工成本压减目标的顺利实现，从而推动了分公司整体运营效率的提升。

案例启示

“克勤于邦，克俭于家。”人工成本控制是企业管理的重要课题。许多企业在人力资源管理上采取措施以降低人工成本，但效果往往未达预期。关键在于人员和效能之间未能实现最优平衡，管理措施未能精准施策。在人工成本控制过程中，以下几方面至关重要：首先，实施目标管理和严格控制总量是根本途径，确保成本控制有的放矢；其次，调整组织结构和提升工作效率是基础工作，为成本控制提供组织保障；再次，提升员工素质，激发其主观能动性是核心措施，通过人才素质提升带动整体效能；最后，优化激励与培训机制，激发员工积极性是动力源泉，为企业的可持续发展提供动力。这些启示为企业实现人工成本的有效控制和人力资源的优化配置提供了思路。

（案例权利人：李志广 李华兵 覃涛 郭海亮 陈双跃 莫山 刘思辰）

CHAPTER 6

第六篇

坚持精准发力　攻坚亏损治理　做好价值保护

全面盘活低效资产　助力企业扭亏转盈

2022年，作为“十四五”高质量发展的开局之年，公司坚持以“质效双增、价值创造”为主线，按照精准识别亏损成因、精准制定治理方案、精准开展分类治理、精准完善配套政策、精准统筹过程督导、精准做好考核评价的“六精”思路，制定了2022年底四川油建公司（以下简称四川油建）实现扭亏、全级次子企业不亏损的治理方案。行政事务部作为公司资产归口管理部门，协同公司相关部门，以提质增效专项行动为契机，在推动四川油建激活闲置低效资产、摆脱亏损困境方面取得了显著成果。

一、逆境求生，全面资产清整与土地盘活

四川油建因连续多年经营亏损，被列入重点关注的亏损治理企业。自2021年11月划转至公司辅业托管以来，在公司的大力支持和积极推动下，推出了一系列旨在扭亏为困的改革举措。然而，要实现2022年净利润达到**万元的预算目标，仍面临重重困难和挑战。

资产创效作为公司提质增效重点工作，行政事务部在深入研究和分析后，对四川油建的资产进行了全面清查和盘点，特别是对房屋和土地的使用情况进行了细致梳理。结合四川油建的生产经营实际和业务发展需求，部门对办公和生产经营场所进行了优化整合，力求降低外租费用，并加大闲置资产的外租力度，以增加租金收入。考虑到四川油建拥有大量房产和土地资源，其中部分资产使用效率不高，部门提出了盘活龙灯山基地土地资产的策略。通过与地方政府合作，采取货币化补偿的方式进行有偿收储，这一举措不仅有助于国有资产的保值增值，提

升低效资产的使用效率，还能通过资产处置收益为四川油建的亏损治理提供助力，为打赢扭亏脱困的攻坚战提供了有力支持。

二、亏损逆袭，实施四大资产盘活措施

为有效盘活资产，助力企业亏损治理，行政事务部协同公司相关部门，指导四川油建采取四项举措，强力推进闲置低效资产盘活创效。

（一）全面清查盘点，制定盘活方案

督导四川油建全面开展资产清查盘点工作，重点对房屋、土地利用情况进行清理，制定闲置低效资产盘活方案。梳理对外出租和外单位使用房屋资产情况并建立台账，依据当地市场租赁价格行情，适时调整租金，增加租赁收入。对暂未租出的房屋，加大对外宣传力度，能租尽租。同时，充分利用黄甲基地和油建综合大楼解决在成都办公需求，减少办公租赁费、物业费等费用，从而显著降低了办公租赁费和物业费等运营成本。

（二）充分运用政策，争取最大补偿

龙灯山基地划入成都市高新区规划范围后，双方虽进行了多次沟通和对接，但一直未协商达成一致意见。四川油建重组到中国石油工程建设有限公司后，综合考虑，确定了以货币化补偿方式进行收储。同时，认真研究《成都市住房和城乡建设局关于国有土地上房屋征收与补偿有关问题的通知》中有关赔偿标准条款，站在最大限度维护公司利益的角度，提出按照通知文件中补偿标准最高限额的方案，与地方政府沟通磋商。经过多轮反复洽谈，最终得到了高新区政府的支持同意。

（三）发挥自身优势，严谨评估落实

在解决龙灯山基地测绘误差问题过程中，四川油建与测绘公司及高新区土地储备中心进行了多次协商，争取了自行重新测量的机会，并提出按体积计算堡坎等构筑物。同时，四川油建在西南油气田分公司无权证资料的情况下，积极查询相关档案和地理信息，最终找到了土地 1991 年的登记档案，确保了土地权属的合法性，避免了潜在的经济损失。

（四）盯牢关键环节，有效沟通协调

在土地处置工作中，行政事务部展现出了“严实快细新”的工作作风，全力推进这一复杂且政策性强的任务。首先，深入研究相关政策，准确掌握土地的历史沿革、权属情况及证明材料，并通过与四川油建相关部门的密切沟通，全面了解相关方的态度和所持立场。不仅查缺补漏，还积极寻求补充完善材料的方法，以确保信息完整、准确，并形成一份周密的处置方案。统筹安排了各项工作，包括经济行为报批、资产评估报告报审、收储协议会审等，并赢得了宝贵的时间。同时，积极主动向上级单位汇报，及时回应并落实其提出的问题和要求，以行动赢得了支持和帮助。通过多种方式保持沟通，跟踪工作进展，以诚心换得了帮助。

此外，积极主动与相关方沟通，取得理解和配合，最终取得对方的支持文件；多次与属地政府、评估公司电话和会议沟通，优化流程，争取正当利益。

三、“盘”获新生，双管齐下助力扭亏为盈

在资产盘活方面，成功将闲置多年的江津防腐厂对外出租，不仅有效盘活了闲置资产，还为公司带来了可观的租赁收入。同时，优化整合了办公及生产经营场所，通过合理规划，提高了场所的利用率，每年减少对外租赁费用 ** 万元。

在土地收储方面，充分发挥了公司在测绘领域的专业优势，认真落实土地收储政策，并通过精细化管理，额外增加了评估价值。签订了《国有土地使用权收回补偿协议》，协议补偿费用金额达到了 ** 万元，不仅最大限度地维护了公司的利益，也为四川油建公司扭亏脱困提供了有力支持。

案例启示

“一枝一叶总关情。”这句诗寓意着细节决定成败，对企业资产管理而言，亦是如此。企业资产闲置不仅是资源的浪费，更是效益的隐性流失。这些闲置资产并非毫无价值，而是尚未找到其使用价值与市场需求的最佳结合点。若能科学管理、巧妙运用，闲置资产便能转化为企业效益的新源泉。

企业应紧密结合自身实际情况，解放思想，开阔视野，不断优化资源配置

策略，想方设法激活闲置资产潜能，探索资产增值的新路径，力求实现资产效益的最大化。首先，立足自身挖潜增效是基础。企业要充分利用现有资产优势，挖掘其潜在价值，通过活化闲置和低效的房屋、土地等资产，实现减亏与增效的双丰收。

其次，坚定不移地维护公司利益是核心原则。企业的一草一木、一砖一瓦都承载着价值，必须珍惜每一份资产。在与地方政府沟通协商时，要据理力争，确保公司利益不受侵害。

再次，充分利用政策，确保合规是重要保障。在土地收储、房产租赁等业务中，要深入研究公司内部管理制度和地方政策法规，乃至国家法律，确保每一步操作都依法依规，避免出现失误和违规行为。

最后，善于沟通协调是推动工作的关键。在资产评估、与政府部门谈判、向集团公司汇报等环节，要主动作为，积极沟通，争取各方支持与理解，确保工作顺利推进。只有如此，企业才能在资产管理上取得实效，实现持续健康发展。

（案例权利人：王春明　刘桂华　张建辉　徐敏　李鹏　张静　李晓桐　张俊　袁江　陈皓）

笃行实干讲好故事 提质增效树立先锋

中油（新疆）工程公司油建分公司（以下简称油建分公司）全员上下始终坚持着力加强理论武装，推动学习宣传贯彻提质增效等工作不断往深里走、往实里走、往心里走，坚持榜样引领，集聚榜样力量，以身边的先进典型激励全体员工。他们精心采写的新闻《创新，中俄东线的生命基因》《中俄东线的守护者》《18 个榜样火热出炉》《孟英歌机组：向榜样学习终成榜样》等，获得了广泛赞誉。这些源自现实生活的感人故事，深深吸引和感染着油建分公司全体员工。通过新闻报道，员工们深深感受到榜样们的力量。

榜样们无私奉献、敢于拼搏、勇于创新的精神，以及他们想方设法提高质量和效益的事迹，已成为激励全体员工奋发向前、坚定前行的强大精神支柱。这些事迹在广大员工心中不断巩固理想信念和思想基础，为构建更加扎实、广泛、深厚的企业自信和文化自信奠定了坚实的基础。通过这样的精神传承，油建分公司正不断推动企业文化的深化和发展，为实现企业长远发展目标提供了强有力的文化支撑和智力保障。

一、多向发力干实事，提质增效谋发展

在工作中，油建分公司把牢意识形态工作主导权，巩固壮大主流思想舆论，深化党史学习教育成果，加强精神文明建设，培育提升文化软实力。挖掘出一系列鲜活生动的典型人物和案例，精心讲好油建故事、树好油建典型、传好油建声音，谱写幸福油建。

油建分公司以各党（总）支部为单位，坚持以党的政治建设为统领，全面

加强党的领导和党的建设，坚持提质增效专项工作主基调，旗帜鲜明地把宣传思想文化工作融入各项工作的方方面面，加强组织学习，提高宣传思想文化战线政治判断力、政治领悟力、政治执行力。积极构建党委集中统一领导、党政齐抓共管、宣传部门组织协调、各部门、各党（总）支部履职尽责的大宣传工作格局，增强宣传思想文化工作的整体效能，提升提质增效专项行动成果。

结合公司和油建分公司提质增效专项行动部署，着力在统一思想、凝聚力量、鼓舞干劲、增强实效上下功夫，努力在理论武装、舆论引导、文明创建和文化发展新征程上取得新进展，不断激发全公司广大干部群众工作激情，为加快建设基业长青的世界一流国际能源工程公司提供坚强有力的精神动力、思想保证和舆论支持。

二、学思想强党性，凝心聚力建新功

油建分公司以各党（总）支部为核心单元，坚持以党的政治建设为统领，全方位加强党的领导和党的建设，紧紧围绕提质增效专项工作主基调，明确将宣传思想文化工作贯穿于企业运营的各个层面，强化组织学习，提升宣传思想文化战线的政治判断力、政治领悟力、政治执行力。积极构建党委集中统一领导、党政齐抓共管、宣传部门组织协调各部门各司其职的大宣传工作格局，以此增强宣传思想文化工作的整体效能，进一步扩大提质增效专项行动的成果。

结合公司总体战略和油建分公司提质增效专项行动的部署，油建分公司着力在统一思想、凝聚力量、鼓舞干劲、增强实效等方面下功夫，致力于在理论武装、舆论引导、文明创建和文化发展等新征程上取得新的进展，不断激发全公司广大干部群众的工作热情。

两年来，油建分公司在宣传思想文化战线上始终坚持固本强基，积极打好舆论主动战，不断强化舆论导向，深入推进媒体融合，努力唱响油建分公司的最强音。在党群工作部和各单位 180 余名通讯员的共同努力下，油建分公司在各媒体平台共发布稿件 6400 余篇，其中发布提质增效专题新闻 260 余篇，有效地传播了提质增效的重要信息。共在各个媒体刊发功勋集体、先进班组、优秀机组、先进个人、劳动模范等先进典型故事 50 余篇，制作劳动者风采、提质增效海报 20

幅，设计制作宣传展板14块，受到员工一致好评。

与此同时，组织策划制作各类短视频245部，拍摄各类工程、人物图片近5万张，收集各单位图片视频高达700G。两年来，在各媒体平台上发表了大量稿件，其中新华网9篇、今日头条2篇、集团公司媒体13篇、克媒体28篇、公司各媒体近600余篇、中油工程发布近150余篇。

为了深入宣传提质增效的现实意义，分公司精心开办了如“紧日子怎么过”等三个提质增效专栏，集中展示了提质增效方面取得的显著成果。其中，页岩油联合站储罐内防腐施工效率提高94%的经验，更是被《中国石油报》报道。

他们撰写的《要火！他们的全自动焊再添利器》《全自动焊施工技术在我国最大储气库成功应用》等报道被新华网采用。专题报道《创新，中俄东线的生命基因》在《中国石油报》专版刊出；《中俄东线的守护者》在《石油知识》杂志发表；全自动焊将刘艳龙故事《他把焊枪用到了极致》在今日头条和《中国石油报》发表；全国五一劳动奖章获得者徐杨的故事《大道至简，实干为要》在公司网站和克拉玛依电视台广泛宣传，这些宣传成果显著提升了公司的社会影响力和品牌知名度。

案例启示

“谁谓未章，今将宣朗。”这句古语深刻揭示了理论是行动的先导，思想是前进的旗帜。油建分公司拥有一批能写、能拍、能制作的宣传队伍，也有一个个叫得响的宣传主阵地。120余名专兼职通讯员不畏风雨，奔赴采访现场，用笔尖和镜头讲述感人至深的故事、记录震撼人心的历程；把正面宣传、政策知识等及时传递到大众面前。站在新的历史起点上，油建分公司将继续深入学习贯彻中央、集团公司等各级会议精神和部署，不断推动宣传思想文化工作向前发展。总之，油建分公司的宣传思想文化工作提供了宝贵的经验和启示，为公司提供了坚强有力的精神动力、思想保障和舆论支持。

（案例权利人：王新华）

案例 59

审计协同专业抗辩　成功申诉规避索赔

各大企业日益认识到内部审计在大型工程建设中的重要作用，特别是在勘察设计环节，审计的作用尤为突出。中油（新疆）工程公司（以下简称新疆公司）在内部审计工作中，高度重视勘察设计阶段的审计配合，确保工程建设质量和投资效益。新疆公司充分发挥组织协调作用，实现了多部门、多岗位的紧密协作。针对审计关注的重点问题，精心准备相关材料、证据，全面准确地回答了审计人员对勘察设计专业问题的质疑，从而减免索赔。

一、全面勘察合同，引发索赔

新疆公司与 A 公司签订了“某地区风险治理工程勘察及初步设计”合同，合同内容为“某地区段伴行道路改造、灾害防治、管道防护工程、地震断裂带监测、直升机坪和物资储备仓库建设及阴极保护系统等”，工程设计阶段为“初步设计及详勘”。合同价中详细勘察费占比 60.2%，履约工期为 86 日。

2022 年，业主方对“某地区风险治理工程勘察及初步设计”项目开展内部审计，其中 2 号段隧道取消施工，取消原因为地质情况发生变化，故业主方及审计人员对工程勘察进行重点审计，原审计底稿中对勘察报告的索赔理由是“勘察设计深度不足”，并据此提出了索赔要求。

二、统一协调，上下齐心

审计揭示的问题看似单一，实则源于多方面因素，解决这些问题需要跨部门、多专业的协同努力。在面临潜在的索赔风险时，新疆公司迅速行动，组织了市场开发、项目管理、技术质量、路桥所及勘测分院等部门的视频会议，全面分析问题来源，制定了详细的应对策略，明确了责任部门和人员，并安排专人现场解答疑问，确保各部门协同作战，及时提供证明材料，以证实勘察报告的合理性与合规性。

针对对方索赔的主要依据，新疆公司高度重视，不仅搜集了充分的应诉材料，还对审计单位对《公路工程地质勘查规范》（以下简称《规范》）某些条款的刻板解读提出了专业异议。公司不仅展示了完成工作的翔实证据，还通过联系了《规范》编委获得权威解读，以此在沟通中强化自己的立场。

在整个沟通过程中，新疆公司充分发挥了团队协作的优势，采取了多层次的会谈与磋商策略。在专业负责人与审计人员深入交流的同时，上层团队与业主方项目经理、外部审计单位及审计处领导进行了有效沟通。

三、挽回损失，成效显著

在新疆公司相关部门的共同努力和不断申诉下，业主及审计单位最终取消了上述索赔款的要求，调整为“局部验槽工作因客观因素未开展”，即合同内局部验槽工作未实施，索赔金额减少近百万元。

此次成功解决问题，得益于新疆公司主管领导、机关部门与基层业务部门的迅速响应和有效联动。在业主索赔金额扩大化的第一时间，立即组织会议，制定出周密的应对策略，确保上下同心，多渠道开展沟通与解释工作。各部门充分发挥专业优势，尽职尽责，积极准备应对证据，成功规避了一起大额索赔事件。

案例启示

“上下同欲者胜。”在勘察设计项目中，由于其短期、快速的特点，项目组织往往较为松散。在面对紧急情况时，如何迅速将分散的人力资源整合，形成“上下同欲”的紧密协作状态，成为项目成功的关键因素。经营管理和技术质量把控需要实现有效联动，大型项目的负责人应当深刻理解质量控制的三块基石：工作范围、成本和工期，并主动参与到项目前期的各项管理活动中。在充分了解和掌握各种情况的基础上，有序推进实际工作，并对项目全过程中产生的所有文件进行妥善记录和及时归档，以备待查。各机关主管部门也应重视对合同条款履约情况的审查，并对审查结论进行必要的备案、提醒和整改监督，确保项目按照既定标准和要求顺利推进。

（案件权利人：王大伟　胡鹰　丁宇　戚亚明　刘超平　李春生　肖普三　顾明）

重塑试运监督服务　冲刺封顶效益最优

根据合同约定，阿穆尔分公司（以下简称分公司）负责向总包商提供试运监督服务，该服务具备可补偿性质。然而，由于服务中断导致约 6 个月的空档期，分公司面临无法全额收回合同金额的风险。为提高服务质量并增加效益，分公司提出了一项创新性解决方案：派遣经验丰富的专业工程师协助总包商进行预试运管理，相关费用按照合同规定的费率予以报销。

为确保该方案的有效实施，分公司采取了一系列具体措施：组建了一支由中外专业人员组成的试运监督服务团队，将原计划高峰期 88 人的人员配置增加至 133 人，以应对人力需求。同时，分公司执行了从第 1 期至第 5 期的人力动迁计划，其服务报销额度均获得了业主的批准，有效降低了合同损失风险。

一、试运监督服务现状，面临封顶价挑战

按照主合同约定，分公司为总包商提供具有可补偿性质的生产试运监督服务，具体服务方式为：依据每个月实际确认的工时数，按照合同中规定的费率进行费用报销。该合同性质属于暂定封顶价合同，暂定封顶金额为 ** 万元。

2021 年 4 月，1 期的试运监督服务正式开始，截至 2021 年 12 月除 1-60/1-70 单元外已经全部结束，总包商及业主共计确认服务工时 ** 万小时，合同收入 ** 万元，基于上述 1 期结果，分公司预测 2 至 5 期试运监督的规模是 1 期的 2 倍，即项目 1 至 5 期预计投入试运监督共 35 万小时，收入 ** 万元，约占合同暂定金额的 **%，即大概率将无法拿回合同额报销上限 ** 万元，无法实现分公司最大效益。

二、策划实施可行方案，取得实质性成效

2022 年 6 月，随着 2 期试运监督服务的正式启动，如何有效推动合同额接近或达到封顶限额，成为了分公司面临的关键课题。这一目标的实现并非易事，因为它要求在增加试运监督服务收入的同时，也意味着总包商需要承担更多的支出。为此，分公司亟须扩充试运监督团队规模、培训新成员，并提升服务质量，以为总包商创造更大的服务价值。

针对这一挑战，分公司向总包商提出了建议："由参与过预试运的分公司专业工程师协助总包商进行各期预试运管理工作，并按照试运监督合同规定的费率进行报销"，以弥补总包商在人员经验上的不足。

然而，总包商最初对可能增加的试运监督服务费用持保留态度。为了克服这一障碍，分公司采取了积极措施，由总经理助理亲自领导，策划并实施了一套切实可行的方案。通过与项目人力资源部的紧密合作，分公司从各部门抽调精干员工，重组并最大化员工的生产力，打造了一支能够快速响应、专业处理预试运和试运过程中各类技术问题的中外员工团队。该团队采用矩阵式管理模式，不仅有效解决了总包商预试运团队经验不足的问题，同时也充分利用了项目部的冗余人员，为项目创造了额外收入，赢得了业主和总包商的高度认可。

经过不懈努力，分公司领导的提议在 2022 年 10 月取得了实质性进展，新版 1 至 5 期的人力动迁计划获得批准。在 2022 年 9 月至 12 月期间，分公司成功创收 ** 万元，预计项目整体 1 至 5 期试运监督服务的可报销额将超过 ** 万元，取得了实质性成效。

案例启示

"沟通者，人也。"这句话深刻地揭示了沟通的本质，它不仅仅是信息的传递，更是情感与思绪的交流，心灵与心灵的触碰，生活和人生的交融，以及自我与世界的对话。在项目管理领域，沟通的重要性尤为突出。正如一位项目管理专家所言：好的沟通是项目成功的关键。如果你不能与他人有效地沟通，那么你的项目就注定要失败。

在分公司与总包商的合作案例中，可以看到沟通机制的重要性。在“双赢”模式下，构建与总包商之间通畅高效的沟通机制，不仅需要掌握相关的沟通技巧以增强沟通的效率和效果，更需要深入理解总包商的需求，尤其是他们对于有经验的预试运管理团队的需求。通过快速响应和扩大服务监督规模，分公司不仅及时满足了总包商的紧迫需求，还成功实现了试运监督业务效益的最大化。

（案例权利人：李志广 宋跃军 袁晓波 李华兵 叶永光 高枝萍 王燕锋 郭海亮 Duvakin Gennady（外籍））

后记

2021—2022 年，中国石油工程建设有限公司承接 2020 年提质增效未竟的使命，持续谱写油气工程项目中国式现代化建设的石油篇章。面对疫情现实，公司全面贯彻新发展理念，转变观念，真抓实干，从“升级”到“精进”，着力打造提质增效，坚决打好亏损企业治理“攻坚战”，着力奋进高质量发展，为可持续发展、转型发展夯实了根基。

为了深入地总结提炼公司提质增效方面的宝贵经验，我们组织专业人员对 2021—2022 年提质增效价值创造发展经历进行了细致梳理，挖掘在加强和提高市场开发、风险控制、质量安全等管理过程中形成的创新性、实践性、指导性、效益性和示范性的先进方法。在此基础上，我们精心筛选并总结出了一批具有推广应用价值的特色做法、优秀成果、先进经验、业绩改善、效益提升、价值创造和改革创新案例。这些案例是公司工作成效的典范，我们希望能为业界提供可借鉴、可复制的宝贵经验。

案例经过规范选题，明确案例权利归属，归纳总结、提炼升华案例启示后，由编委们从 124 个提质增效、价值创造案例，提炼出能够充分反映公司增强经济价值、增强产业价值、增强管理价值、增强创新价值、增强长期价值和做好价值保护等 6 方面工作成效的 60 个案例，汇编成册。本书的出版，不仅能够激励案例权利人保持精神上的不懈探索，同时也展现案例权利人的工作艰辛与睿智、创新与洞见，还可使员工从中获得启示，引发思考。

从 2023 年 2 月初编算起，到 2024 年 3 月底编写完成，历时 14 个月。全书经历 9 次修改后，又进行了文字修改、加工、完善、交叉校对及行文润色，最大限度地减少编辑中可能出现的错误。王峰、张伟、杨铁石、龚勋、曹海文、黄磊、盛冀源、姚建强、王海朋、杨兰花、杨蕾等均不遗余力地对本书的汇编工作进行了专业指导，更是倾注了极大的心血和辛勤的劳动。

在本书成稿过程中，得到了各位领导、专家和同事们的关心和指导，特别感谢张开宇、刘志平等专家对书稿的精心策划与专业性指导，作出了建设性贡献。在此，对专家的鼎力支持和热心帮助不胜感激。我们深知，尽管在编写过程中倾注了大量心血，但由于水平和经验所限，书中难免存在不足之处。在此，我们诚挚地邀请广大读者对本书提出宝贵的批评与建议。

击鼓催征，奋楫扬帆。愿与君共勉，携手共进，共创新辉煌！

中国石油工程建设有限公司

党委委员、总会计师、提质增效办公室主任 周粮庆

2024 年金秋于北京